话说 内蒙古

临河区

张志国 ◎ 编著

内蒙古人民出版社

图书在版编目(CIP)数据

话说内蒙古·临河区 / 张志国编著. —呼和浩特：内蒙古人民出版社，2020.6
ISBN 978-7-204-16325-0

Ⅰ.①话… Ⅱ.①张… Ⅲ.①临河区－地方史 Ⅳ.①K292.6

中国版本图书馆CIP数据核字(2020)第073888号

话 说 内 蒙 古 · 临 河 区
HUASHUO NEIMENGGU LINHEQU

丛书策划	吉日木图　郭　刚
策划编辑	田建群　张　钧　南　丁　王　瑶　贾大明
本册编著	张志国
责任编辑	贾大明　董丽娟
责任监印	王丽燕
封面设计	南　丁
版式设计	朝克泰
丛书名题字	马继武
蒙古文题字	哈斯毕力格
出版发行	内蒙古人民出版社
地　　址	呼和浩特市新城区中山东路8号波士名人国际B座5楼
网　　址	http://www.impph.cn
印　　刷	内蒙古恩科赛美好印刷有限公司
开　　本	710mm×1000mm　1/16
印　　张	13.75
字　　数	200千
版　　次	2020年6月第1版
印　　次	2021年1月第1次印刷
印　　数	1—2000册
书　　号	ISBN 978-7-204-16325-0
定　　价	55.00元

图书营销部联系电话：（0471）3946267　3946269
如发现印装质量问题，请与我社联系。联系电话：（0471）3946120　3946124

总 序

内蒙古自治区是我国第一个省级少数民族自治地区。全区共划分为9个地级市、3个盟、2个计划单列市，下辖103个旗、县、市辖区，包括52个旗、17个县、11个盟（市）辖县级市、23个市辖区，首府呼和浩特市。

内蒙古东西直线距离约2400公里，南北跨度1700多公里，土地总面积118.3万平方公里。广袤的土地蕴含着丰富的自然资源：从东到西的森林、草原、沙漠等地形地貌，天然地形成了独特的旅游资源和动植物资源；丰富的煤、铅、锌、稀土、风力等矿产资源和清洁能源，为煤化工产业、有色金属产业、清洁能源产业的发展提供了支撑。内蒙古地跨"三北"（东北、华北、西北），毗邻八个省区，与俄罗斯、蒙古国接壤，国境线长达4200公里，有建成我国向北开放的重要桥头堡和充满活力的沿边经济带的天然区位优势。内蒙古依托于气候、优质土壤和草场、水源充足等优势，促进了农牧业的现代化发展。

这一方沃土，是北方少数民族生息和发展的中心地域，孕育了游牧文明、草原文化，在与农耕文化的不断碰撞中，相互融合，相互促进，共同谱写了中华文明的恢宏乐章。仰韶文化、红山文化是中华史前文化的一部分，战国时期赵武灵王着胡服、学骑射，两汉与匈奴交往、和亲，鲜卑建立了雄踞北方的北魏王朝，隋唐与突厥建立了宗藩关系，契丹民族建立了辽政权，蒙古民族创立了疆域广阔的大元王朝，明清与鞑靼、瓦剌等民族建立了藩属关系——历史上，北方少数民族或雄踞一方与中原交好，或入主中原建立政权，在不断风起云涌中铸就了内蒙古丰富、厚重的历史文化魂魄。进入近现代以后，内蒙古也走在抗敌御侮的前沿，为新中国的成立作出了巨大贡献。

这份丰厚的历史积淀当中，涌现了诸多杰出人物。他们或是一方霸主，统领一域；或是一代天骄，建万世之基；或是贤良能臣，辅助建国大业;或是时势英雄,救人民于水火;或是在各自领域内创造历史价值的名人雅士。这些人有耶律阿保机、成吉思汗、忽必烈、哲别、术赤、耶律楚材、乌兰夫、李裕智、尹湛纳希、玛拉沁夫、纳·赛音朝克图,等等。

物华天宝,人杰地灵。广袤的土地除了养育了一代代的草原人,也成就了它丰富的地域文化:马头琴音乐、呼麦、长调等民族音乐,好来宝、二人台、达斡尔族乌钦等曲艺,安代舞、顶碗舞等民族舞蹈,刺绣、剪纸、民族乐器制作、生活用具制作等传统工艺,蒙医药、正骨术等传统医药医术,婚丧嫁娶等礼仪习俗……内蒙古在音乐舞蹈、民间艺术、文学史诗、传统医药、手工技艺、民俗风情等方面都取得了独有的成就。

悠久历史文化滋养下的内蒙古,在中国共产党的领导下,迈向新的历史征程。内蒙古自治区成立以来,党和国家一直重视内蒙古的发展,也给予各类政策和经济支持。内蒙古也不负众望,各项事业均取得了令人瞩目的成就:经济保持平稳增长,人民的生活水平不断提高;民主法治建设得到有效推动;建立了具有民族特色的教育体系,民族教育水平不断提高;民生改善工作成绩斐然;生态文明建设取得较大成就;四通八达的立体交通网,拉近了内蒙古与世界的距离……

纵观几千年历史,内蒙古在历史的长河中扮演了重要的角色,这不仅源于自然条件的得天独厚,也源于草原儿女的自立自强。虽然这片沃土上的民族大多以口耳相传的方式传承着自己的文化,但是仍有不少历史的碎片撒落在当地的史籍当中,这些史料汇集成册,将成为向世人介绍内蒙古的名片。为此,我们组织全区103个旗县(市辖区)的有关部门和专家学者,借助各地的丰富史料,把散见于各种资料中的人文历史、民俗文化、民间艺术、壮丽风光、当代风采、支柱产业等汇编在一起,编纂出一套能够展示内蒙古总体面貌、能够反映时代特色和文化大区风范的大型丛书——《话说内蒙古》,以展示我区经济发展、文化繁荣、民族团结、边疆安宁、生态文明、各族人民幸福生活的六大风景线。

一本书,一支笔,不足以穷尽所有旗县(市辖区)的方方面面。若本书为你敞开一扇了解内蒙古之窗,那么,读万卷书不如行万里路,内蒙古将以最饱满的热情迎接你:

赛拜侬——
　　欢迎你到草原来!

序

巴彦淖尔市临河区（曾用名：临河县、临河设治局、临河市）位于黄河"几"字弯顶部，地处河套平原腹地，从地图上看形似秋海棠叶，素有"塞上明珠""塞北江南"之美誉，是"中国果菜十强县""全国粮食生产先进县""中国（巴美）肉羊之乡""中国优质绒毛生产集散地"。全区总面积2333平方公里，辖9个乡镇、2个农场、11个办事处，有蒙古、汉、回等14个民族。总人口55.5万人，其中城镇人口38.58万人、农村人口16.92万人。

历史悠久，文化厚重。战国赵武灵王君临河套设九原郡。汉武帝元朔二年（前127年），汉朝设立朔方郡，临河为其属地。"临河"作为一个具有固定内涵的词组，最早出现在《汉书·地理志》中。明末清初以前，临河地区人迹稀少，一派"天苍苍，野茫茫"的草原景象，后山西、陕西、山东等地居民迁入，在这里开垦土地从事农耕，使临河地区逐渐成为粮食生产基地。在漫长的历史岁月里，勤劳朴实的临河人民在这块肥沃的土地上生息繁衍，创造了草原文化、游牧文化、农耕文化、黄河文化相融共生的河套文化。

物产丰美，风光壮丽。临河区坐拥河套，有大山大河环绕，有沙漠草原相依，冬无严寒、夏无酷暑，春观绿野、秋赏美景，古诗句"大漠孤烟直，长河落日圆"是这里自然风光的生动写照。临河区地处北纬40°黄金农业种植带，处于亚洲最大的一首制自流灌区——河套灌区腹地，引黄灌溉面积217万亩，全年日照时间长、昼夜温差大、水土光热组合优势显著。优越的自然气候条件造就了临河区得天独厚的农牧业资源，使其成为国家重要的优质农畜产品生产基地。

区位优越，交通便捷。临河区是全国179个交通枢纽城市之一，是国家"五横五纵"交通网规划的重要交会点，是沟通大西北、贯通大西南、连接蒙古国的重要交通节点。地处沿黄经济带和呼包银榆经济区，自然矿产资源富集，包银高铁、包兰铁路、临哈铁路、110国道、242国道、京藏高速公路、京新高速公路穿境而过，乘飞机可直达北京、上海、重庆、西安、郑州等城市。

产业发展，宜居宜业。近年来，临河区以习近平新时代中国特色社会主义思想为指导，认真贯彻落实党的十九大精神和中央、自治区、巴彦淖尔市重大决策部署，统筹推进"五位一体"总体布局和协调推进"四个全面"战略布局，坚持稳中求进工作总基调，不断推动临河区高质量发展。临河区现有规模以上工业企业52户，形成冶化建材、能源电力、生物制药、食品加工、绒纺、装备制造六大产业体系。合理布局粮油、肉乳绒、中蒙药材、果蔬、饲草、生物质能优势产业，现拥有中国驰名商标5个、自治区著名商标25个。服务业稳步提档升级，各类专业市场齐备，金融、电商、现代物流、休闲旅游等新型业态发展势头强劲。"全国十大最美乡村"富强五组、"中国美丽乡村百佳范例"民主四组、"自治区级文明示范村"八一联丰等一批美丽乡村相继建成，成为市民、游客休闲度假的理想之地。近年成功承办了国际铁人三项赛、国际马拉松赛、总干渠端午龙舟赛、沿黄公路自行车邀请赛、环镜湖自行车公开赛等系列赛事。

不忘初心，继续前行。临河区将继续坚持新发展理念，坚定不移走以生态优先、绿色发展为导向的高质量发展新路子，紧扣全面建成小康社会目标任务，以建设河套全域绿色有机高端农畜产品生产加工服务输出基地为抓手，不断推动现代农牧业实现新跨越。利用大数据、云计算、区块链，抢抓数字经济发展机遇，全力推动绿色产业集聚区、生态文明示范区、乡村振兴样板区、对蒙开放先行区、美好生活共享区建设，努力建成现代化生态田园城市，为打响"天赋河套"品牌、实现绿色崛起的奋斗目标继续前行。

目录 Contents

西汉设县　隶于朔方
悠久的历史 /3

临河县置考 /4

民主革命老区 /9

抗日战争的前线 /19

"绥远方式"的要冲 /25

引黄灌溉　源远流长
天来之水 /31

自流灌溉 /34

秦汉"河南地" /36

桔槔取水与就河引灌 /39

地商水利与干渠开挖 /40

挖渠不止杨家汉 /51

拨兵屯田浚百川 /53

一首制水利枢纽 /58

巧夺天工　治水奇观

草木克水 /63

冲桩挂笆 /65

拦河大坝 /66

抗洪抢险 /71

黄杨闸 /74

开挖总干渠 /75

连环用水 /78

渠沟路林田 /83

塞外粮仓　瓜果飘香

区域形貌 /91

大后套 /93

粮食作物 /96

饭之美者 /117

经济作物 /123

地方风物　乡村旅游

北方农民的象征——白杨 /129

坚忍顽强的红柳 /130

报春的使者——柳树 /131

匠者不顾的白茨 /132

扫遍天下的芨箕 /135

青清湖旅游景区 /136

四季青农业高科技生态园区 /136

酒庄老镇 /137

富强村 /138

民主村 /139

郝柳驹海子生态旅游景区 /142

河滨胜境　天人共创

高阙塞怀古 /145

强家油房 /148

甘露寺 /154

班禅召 /155

百川堡 /155

园子渠码头 /156

黄河看流凌 /157

黄河日出 /161

黄河度假村 /163

临河黄河国家湿地公园 /165

镜湖 /169

彩虹飞架 /171

河套方言　彰显魅力

缀词和叠词 /183

谚语 /185

歇后语 /187

串话 /190

俚语 /190

爬山调 /191

临河采风　墨痕留香

从军过临河 /195

后套耕牧记 /196

临河竹枝词 /197

临河风土志 /199

黄羊木头见闻 /203

后套民生 /206

饶足之临河 /207

西汉设县　隶于朔方

HUASHUONEIMENGGUlinhequ

巴彦淖尔市　临河区

西汉设县　隶于朔方
XIHANSHEXIANLIYUSHUOFANG

临河区历史悠久，文化底蕴深厚。"临河"一词最早出现在《汉书·地理志》中。汉武帝元朔二年，汉朝设立朔方郡，临河为其属地。在漫长的岁月中，临河人民在这块肥沃的土地上繁衍生息，创造了丰富多彩的河套文化。

悠久的历史

巴彦淖尔市临河区（曾用名：临河县、临河设治局、临河市）具有悠久的历史，文化底蕴深厚。早在5万年前，河套平原就已有人类生息繁衍。萨拉乌苏河畔的考古发掘表明，处于智人时代的"河套人"曾在黄河岸边打制石器，从事狩猎活动，食肉衣皮，创造了河套地区原始时代的物质文明。河套人便是临河人的祖先。

阴山岩画研究亦表明，早在1万多年前，阴山南北地区就是游牧民族生产生活的理想家园。那时，阴

阴山岩画

山河套一带草木茂盛、百兽出没，是个生态环境极好的地方。据史书记载，早在黄帝时期，阴山东西千余里已有游牧民族驻牧，即獯鬻（周时称猃狁）。黄帝统一中原地区后，曾率军北逐獯鬻。

《诗经·小雅·出车》中有"天子命我，城彼朔方。赫赫南仲，猃狁于襄"的诗句，描写的是周朝时，周宣王派大将南仲率大军讨伐居于河套地区的猃狁，并在包括今临河地区在内的朔方筑城防守的情景。

战国时代，赵武灵王君临河套，"至高阙为塞"，设九原郡。临河属赵国九原郡之西部地。阴山一带最古老的军事要塞——高阙塞，就在临河县初建时的辖区内。秦始皇统一六国后，派大将蒙恬领30万大军"北击胡，略取河南地"。"自榆中并河以东，属之阴山，以为四十四县，城河上为塞。"（《史记·秦始皇本纪》）引文中的"四十四县"已不可考，但均临近黄河，故可视为泛指意义上的"临河县"。

临河县置考

汉武帝元朔二年（前127年），汉武帝命车骑将军卫青统兵10万出云中，北伐匈奴，收复曾一度被匈奴占领的黄河以南的平原地区，即"河南地"。汉武帝采纳谋臣主父偃的建议，在河南地置朔方郡，治所在今三封古城遗址内。朔方郡下辖十县，分别是三封、临戎、沃野、窳浑、广牧、朔方、渠搜、修都、呼遒、临河。此即为临河设县之始。

汉光武帝时，朔方大乱，郡县尽废。《调查河套报告书》录1916年山东南运湖河疏浚事宜筹办处所撰《河套沿革考》载："东汉自光武以来，南北单于构怨相侵伐。至章帝章和元年，北匈奴以鲜卑侵伐，大乱。屈兰储卑胡都须等五十八部诣五原、朔方、北地降。安帝永和五年，羌复盛。是时，二千石令长多内地人，怯于战守，皆争上徙避寇难。朝廷从之，遂移安定，徙美阳北地，徙池阳上郡，徙衙。百姓随道死亡，丧其大半。"又载："至建安末年，遂并五原、朔方而弃之，使匈奴、鲜卑窟穴于此，卒肇五胡之乱。"

从以上记载可知：朔方地区郡县的废止，经历了从战乱弃守到最终废弃的过程，汉王朝"并五原、朔

汉砖

古城墙

方而弃之"的时间是在建安末年。《临河县志·地域沿革纪略》载:"汉光武中兴,始置并州以领之,省临河五县,并入西河郡。(按:西汉卢芳之乱,窃据边郡。光武中兴,始置并州以领之,而郡县省并大半。省朔方郡之临河、修都、呼遒、窳浑、渠搜五县,而以西河郡之大城县隶朔方,汉末荒废。)"此处将"卢芳之乱,窃据边郡"作为朔方郡县被废的原因。之后,卢芳在九原称帝,临河之域当在其治下。

匈奴城生态旅游景区

《资治通鉴》记载：汉光武帝建武五年（29年），"初，五原人李兴、随昱，朔方人田飒，代郡人石鲔、闵堪各起兵自称将军。匈奴单于遣使与兴等和亲，欲令卢芳还汉地为帝。兴等引兵至单于庭迎芳。十二月，与俱入塞，都九原县；掠有五原、朔方、云中、定襄、雁门五郡，并置守、令，与胡通兵侵苦北边"。之后的十多年中，卢芳多次侵扰汉边。直到汉光武帝建武十八年（42年），"卢芳自昌平还，内自疑惧，遂复反，与闵堪相攻连月，匈奴遣数百骑迎芳出塞。芳留匈奴中十余年，病死"。

《资治通鉴》还记载：汉光武帝建武二十六年（50年），"秋，南单于遣子入侍。诏赐单于冠带、玺绶、车马、金帛、甲兵、什器。又转河东米䊪二万五千斛，牛羊三万六千头以赡给之"。"于是云中、五原、朔方、北地、定襄、雁门、上谷、代八郡民归于本土。""时城郭丘墟，扫地更为，上乃悔前徙之。"

虽然民众"归于本土"，郡县也得到恢复，但较前已发生了很大变化。按《临河县志》所载：临河、修都、呼遒、窳浑、渠搜五县并入西河郡，仍隶朔方郡。临河等五县省并的主要原因为人口大量减少。经历了迁徙和逃亡，临河等地人口伤亡严重，即使官方下决心重新收抚，也难以达到原来的规模。朔方地区人口的增长是经过长期努力才实现的，而人口一旦损耗，便很难在短时间内恢复。何况边地本是苦寒战乱之地，人民非不得已并

不愿意在这里生活,尽管朝廷"赐以装钱,转给粮食",也难以取得好的效果。汉末,朔方郡被完全废止,完成了它的历史使命。

东汉末年,河套地区郡县并废,临河地为南匈奴盘踞。南北朝时,地属沃野镇。隋朝时,地属五原郡。唐朝时,地属九原郡。宋辽金夏时,皆为西夏属地。元朝时,地属云内州。明初,地属宁夏卫,后归蒙古部属。清初,地属鄂尔多斯盟旗;乾隆年间,为归绥道萨拉齐厅遥领;光绪二十七年(1901年),隶五原厅。民国初年改厅为县,属五原县。

1925年,析五原县丰济渠以

乌拉特部落西迁雕塑群

临河区政府党政办公大楼远景

西地置临河设治局，治所设在强家油房，直隶绥远省。1929年升格为县。1942年，划出临河县二、三、四区，分别设米仓县、狼山县和陕坝市镇筹备处。

1949年9月19日，绥远省当局宣布起义，绥远和平解放。临河县隶属绥远省陕坝专区。1954年，绥远省与内蒙古自治区合并，撤销绥远省建制。同年，陕坝专区改称河套行政区，隶属未变。1958年，河套行政区与巴彦淖尔盟合并，撤销河套行政区，临河县隶巴彦淖尔盟。1984年12月11日，临河县改为县级

巴彦淖尔市　临河区

1913年，为防御外蒙古军进犯，民国政府调滦州陆军第20师80混成旅援绥。阎锡山派晋西镇守使晋军第1师师长孔庚至包头镇驻防。1915年8月，弓占元叛据东皮房(位于乌加河畔)，五原知事王文墀乞驻军马品元营长率部抵本境土默地、马场地、东西场驰救，不敌；9月，宁夏护军使马福祥遣昭武军统领马鸿宾率部援套，弓匪遁入山中；11月，马鸿宾率军负责西路防务。1916年3月，驻临甘军回宁；4月，派骑兵第4支队3营接防，分驻临河丹达木头、狼山湾。1917年10月，骑兵第4支队会陆军第1师12营分兵驻临河境，至1921年底。1922年，陆军第1师3营分防驻强家油房、秀华堂等地。

临河从五原县析出设县之时，河套地区正为王英所据。王英在1920年被时任绥远都统的马福祥任命为五原县保安团团长，后又被委任为绥远省都统署参议。王英向与地方土匪过从甚密，又与哥老会徒相互勾结，成为河套地方一霸。1925年，冯玉祥属部国民军退到归绥、包头、五原一带，国民军第8旅方振武部进驻五原、临河。王英继任五原、临河保安骑兵团团长。王英先在五原、临河收买马匹2000余匹，随后召集骑兵300余人，一些小

市。2003年12月1日，巴彦淖尔撤盟设市，称巴彦淖尔市；临河市更名为临河区。

民主革命老区

民国初建，临河隶属五原县。其时，临河地区军阀割据，各方势力角逐，社会秩序混乱。

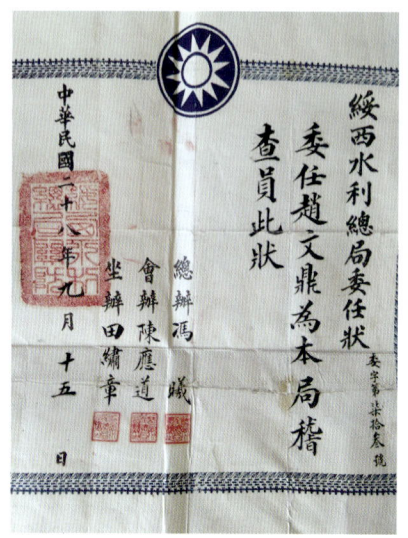

绥西水利总局委任状

小股土匪也趁势投到王英门下。年底时，王英团卫发展到500余人，枪马齐全。方振武利用地方关系，尽一切力量让王英扩充武装，希望其在西进时助自己一臂之力。王英乘机把一些流氓、地痞、哥老会大小头目都吸收到部队中，人数增加到800余人。王英部众成分复杂，纪律涣散，时常为害百姓，却无人能够管束。

1926年，晋军协助直奉联军击败国民革命军进而占据绥远，晋系军阀商震出任绥远都统，将绥远地方部队成批编入晋军序列。王英的包宁护路军扩编为山西陆军骑兵第4师。1927年，郭凤山旅驻防河套；郭旅东调后，王英部独占临河。王部杨寿臣团、广林团驻二区，侯子清团、杜子玉营驻一区，李占彪团、金宝山团驻三、四区。李占彪升为第6旅旅长后，临河由李凤山团、刘致祥团分驻，余部东调。

中原大战期间，王英被调出河套参战，但他时刻不忘打回河套。1931年，王英组织力量以武力攻占临河、陕坝。他派杨猴小抢先占领陕坝、蛮会等镇，又派袁占鳌旅包围临河县城，进攻驻守临河的白葆庄团。王英则进驻临河以北的世成西堡子坐镇指挥。正月，已占领陕坝的杨猴小部与袁占鳌合围临河县城。白葆庄团据城抵抗，双方战斗三昼夜，互有伤亡。后双方通过谈判，白葆庄率部于1931年正月初十离开临河，退往五原。袁占鳌旅进驻临河城内，王英也于十五日到了临河，从此临河全县被王英部

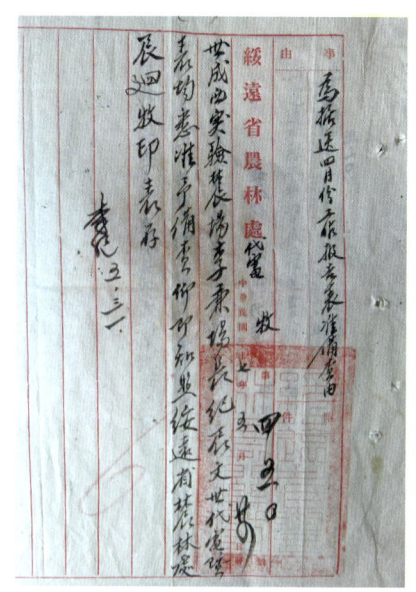

绥远省农林处公文

占据一年多。王英所部的人吃马喂等各种费用全向地方摊派，地方大户叫苦喊冤，人民群众深陷水深火热之中。

临河县于1925年复建，到中华人民共和国成立前的20多年间，一直处于国民党的统治之下，社会动荡不安。在此期间，中国共产党秘密发展地下组织，领导人民群众进行了艰巨而光荣的民主革命斗争。

1927年，蒋介石发动"四一二"反革命政变，白色恐怖笼罩全国。国民党反动派大肆逮捕、镇压共产党员和进步群众。为了保存革命力量，中共绥远特别区工委决定将部分党员疏散到农村，开辟地下工作。中共党员刘进仁于当年6月来到临河，秘密建立了临河县第一个党的组织——中国共产党临河支部。共产党员深入农村、学校和天主教区，发动群众积极开展反对帝国主义、封建主义的斗争，培养和发展积极分子入党，壮大了党的组织。到1929年初，党员发展到19名，在陕坝、蛮会等地建立了党小组。在斗争环境极为险恶、与上级党组织联系非常困难的情况下，临河党支部组织开展了办新学、抗烟捐、买地创办农业合作社、夺粮、吃大户、兵运等多种形式的革命斗争，并取得了显著成效。

智斗洋神甫

1927年冬，国内革命形势有所好转，革命者冲破白色恐怖，再次掀起革命热潮，南昌起义、秋收起义相继爆发。消息传到临河，给地下党组织带来巨大鼓舞。刘进仁在西到宁夏寻找上级党组织未果的情况下，决心利用有利形势进一步发展革命事业。经支部研究，决定派李春秀到蛮会、陕坝、乌兰淖一带活动。乌兰淖有个叫温七斤子的人，他原是乌兰淖教会学校的教员，因反教会被革职。在李春秀的鼓励支持下，他表示愿意在乌兰淖创办学校。

与此同时，刘进仁在县政府展开活动，促成县教育局下令指派温七斤子在乌兰淖成立公立小学。可事情刚刚有了进展，就遭到天主教神甫的阻拦。神甫无耻地说："乌兰淖是天主教的地盘，不准在此办别的学校。"李春秀据理力争："这是中国的土地，你们洋人有何资格在这里霸占地盘！"最后在大家的共同努力下，学校很快办起来了。其时，比利时籍神甫林允中在乌兰淖主持教堂工作，他见学校办起来了，非常气愤，企图通过捣乱、搞破坏等恶劣手段阻止学校办学。他一方面拉大旗作虎皮，用教义威胁学生家长，阻止他们将孩子送到公立学校上学；另一方面派出爪牙到学校附近捣乱，例如让爪牙手持木棒站在路口，吓唬上学的孩子。后来，这些爪牙索性跑到学校大打出手，一面挥舞木棍打砸东西，一面叫嚣："神甫有令，不让你们立学校，你们这是魔鬼学校。"就这样，学生被哄散了，刚建起来的学校被迫解散。

温七斤子气愤地到县政府报告。当时的地方政府对洋人圈地传教采取默许的态度，一来因有不平等条约在先，二来全国各地都是如此，谁也没有勇气举起反洋教的旗帜。对乌兰淖学校事件，县政府负责人和教育局局长不敢明确表态，更不敢为温七斤子做主。刘进仁见此情形，明确向县政府提出自己的观点：对乌兰淖学校事件立案审查。他指出："洋人到中国传教，虽经中国政府同意，但传教并不等于抢占地盘。即使在不平等条约上，也没有写着不让中国人在自己的领土上办学的条款。更何况那些由帝国主义强加给中国人民的不平等条约，我们也不予承认。洋人无理干预国民在自己国土上办学，这分明是对中国领土主权的侵犯。作为一级地方政府，怎能容忍这种事情在辖区内发生？如果不予制裁，这将是政府的奇耻大辱。"刘进仁的据理力争，得到了一些地方绅士的支持和声援，他们也表态："刘校长的主张是对的，政府应当予以支持。"县政府官员在这种情况下，只得下达了查办案件的指令，并允许刘进仁带领部分武装人员前去办案。

刘进仁带了几个荷枪实弹的护路兵来到乌兰淖，向温七斤子详细了解了情况，知道洋人的爪牙还在继续捣乱后，便决定立即将其抓捕。那几个兵得令后，冲进天主堂庭院朝天鸣了一枪，神甫林允中见势不妙，从后门仓皇逃走。士兵把带头闹事的打钟老汉抓住，把他带到刘进仁面前问话。刘进仁问他为什么到学校捣乱，他毫不掩饰地说："是林神甫命令办的，自己吃人家的饭，就得听人家使唤。"刘进仁见他一副奴才嘴脸，便命人把他关了起来。随后，刘进仁又命人将当地的三甲公会负责人叫来，此人兼任天主堂的会长，也是一个洋奴。他自知难辞其咎，吓得浑身直打哆嗦。刘进仁指着他训斥道："你是政府系统的负责人，对于维持办学秩序具有不可推卸的责任。在你村里发生这样的恶性事件，你为什么不管？"那人点头哈腰承认自己未尽到责任，表示会尽快恢复办学，还答应把天主教学校的40套桌凳搬来给公立学校用。刘进仁追问："对破坏办学的当事人如何处置？"那人献殷勤地表示："让打钟老汉给学校义务拉40天柴火，我担保以后决不会再有类似事件发生。"当晚，刘进仁又召开了一次群众大会，动员群众送子女到公立学校上学。在会上，刘进仁向群众讲了国内革命斗争形势，揭露了天主堂和神甫以传教为名欺骗毒害人民的罪行。群众对办新学非常支持，第二天就把子女送到学校，学校又热热闹闹地开学了。

然而神甫林允中并不甘心失败，他跑到三盛公天主堂总会，向总会负责人报告了乌兰淖事件的前因后果，天主堂总会会长狄文化又将这起事件告到绥远省政府，并且诬陷刘进仁带兵鸣枪示威，扰乱天主教区治安，宣传共产主义。不久，绥远省政府下达指令："据天主堂司铎狄文化呈报，共产分子刘进仁带领人马到乌兰淖鸣枪示威，扰乱地方治安，宣传共产主义，速予查办。"并指示县政府："查刘进仁确系共产分子，见电立捕，速解来绥，以凭核办。"县政府又将指令转给教育局局长王丕卿，王丕卿一时不知所措，就将刘进仁叫到办公室，给他看上面的指令。刘进仁早料到会有这种局面，胸有成竹地对王丕卿说："这一场官司，上面不能只听洋人的一面之词，天主堂搅乱学校秩序，并不是针对我个人，而是针对县政府和教育局的，这场官司倘若输在洋人手上，就顶如县政府和教育局输给了洋人。"王丕卿听后表示赞同，但县政府为了对上面有个交代还是做出了决定：一、名义上停止刘进仁的校长职务，让县设治局局长王文墀的女婿接替，实际上是让刘进仁暗地主持学校工作，少出门，特别不要与绥远派来的人正面接触。二、尽快办理案子手续，接到三甲公会具结完案的字据后立即上报完案。随后，县政府将乌兰淖三甲公会负责人传唤到庭，正式对案件进行审理，设治局局长王文墀亲自坐堂审案。审理的结果不言而喻，自然是狄文化向绥远报告的"查无实据"，刘进仁并无"轨外行为"。三甲公会负责人当堂画押，完案字据送到狱中后，刘进仁被判无罪释放。案子报上去之时，正值绥远都统换人，并无人深究，此事也就不了了之。这次与天主堂的办学斗争最后以顺利办起公学而告终。

乌兰淖学校建成后，李春秀等中共地下党员趁势进一步展开与天主堂争取教育阵地的斗争。他们一面深入陕坝、蛮会一带，动员原来在天主堂就学的学生到临河一校就学,一面积极筹建公立第三小学,并于1928年暑假期间,在蛮会建立了公立学校。在斗争中多次失败的天主堂势力,也不敢明目张胆地捣乱,只敢在暗中搞些破坏活动。乌兰淖小学和蛮会小学建成后,学生越来越多,成为当地百姓子女就学的理想场所。中国共产党领导的反洋奴、办新学斗争取得了胜利,在临河的教育发展史上写下了光辉的一页。

开窖分粮

1932年春夏之交,河套大批穷人被地主雇用挖渠。渠工在恶劣的条件下承担了繁重的劳动,地主豪绅竟还拖欠工钱,打骂渠工。在中共地下党的组织下,渠工们抱成团和地主做斗争。在地主等水浇地的节骨眼上,渠工集体罢工,逼地主发放工钱、改善待遇。地主迫于压力,答应了渠工的所有要求,罢工斗争取得了意想不到的胜利。中共地下党的领导人抓住时机,启发大伙说:"穷人只有团结一心,才能把地主老财斗倒。"就这样,一个代表穷人利益的组织——穷人会诞生了。

20世纪30年代初,河套遭大旱,加之军队过境旷日持久,老百姓生活在水深火热之中。民谣《遭年馑》反映了当时的情况:"民国十八年(1929年),饥荒实可怜。提起正月里,榆树剥了皮;胡穄面吃完了,草籽乃是好东西。草籽也不多,先给娃娃吃;小的吃了大的要,大人们饿得肠子叫。提起二月里,地皮消五寸;叫丈夫扛上锹,快掏甜根根。甜根根就是甜,吃上胖了脸,浑身没有一点儿劲,活得真伤心。提起三月里,苦菜往上升;提篮掏苦菜,饿得肚肠疼。苦菜也不多,掏下一笸箩;家里人儿多,只靠它起伙。提起四月里,天天刮黄风;扛耧去种地,恐怕一场空。债主进了门,翻柜又搜身;全家里外搜个尽,怎能过光景。提起五月里,莜子斗价两块零;叫丈夫好商议,快寻个供垫人。叫声供垫人,当面咱说清,卖了女人本利要还清,你看行不行?……"

1933年,穷人会在陕坝西沙梁召开了一次会员代表大会。主持会议的共产党人分析了当前的斗争形势,号召会员准备迎接新的革命高潮。从此,一场名为"吃大户"的农民运动在各地迅速开展起来。

6月突然传来消息:乌加河来了鱼汛,成群的鱼出现在河面,一网兜下去就能捞上十几条来。随后,就见蛮会镇的十几个群众赶着一辆胶车,拉着渔网渔罩向乌加河进发。一春天揭不开锅的饥民都闻讯赶来,跟着胶车要去捕鱼,很快便聚集了100多人。一路上又有许多灾民加入,到达乌加河畔时,捕鱼的队伍已达到300多人。大家眼巴巴地望着河水,却并不见有鱼汛,迷惑不解地你看看我,我看看你。就在这时,一位农民打扮的汉子走过来对大伙说:"大伙儿准备好口袋,一会儿跟我装粮食去。"大家一听要去装粮食,顿时欢呼跳跃起来,事先没有带口袋的人便用绳子和营草把衣袖、裤管扎住,准备当口袋用。

原来,这位农民打扮的汉子正是家住蛮会镇的穷人会领导人张鱼子。此人出身贫苦,但颇有骨气,平素为人豪侠仗义,办事果敢机敏。前些年因救了一位地下党重要人物而与革命志士成为至交。经过一段时间的斗争锻炼和考验,张鱼子秘密加入了党的组织,并成为穷人会的主要负责人。这一次借鱼汛之名吃大户的行动,就是他亲自策划组织的。

张鱼子叫大家在渠畔稍事休息。天黑下来时,他领着人们朝一座地主庄园走去。这位住在乌加河畔的地主叫胡二发,他的庄园里存着整整一大窖的粮食,企图趁着饥荒放高利贷发把大财。当大家走到胡二发庄园时,已是半夜时分。胡二发和他的家人睡得正香。事先早已有人把粮窖打开,张鱼子低沉着嗓音严肃地对大伙说:"这些粮食都是用咱们的血汗换来的,现在就让它们物归原主吧。"张鱼子话音未落,早已有人跳进粮窖。大家跟着蜂拥而上,撑开口袋抢装粮食。不到一个时辰,一窖粮食就被分了个精光。

第二天,胡二发发现窖里的粮食都被抢走了,赶忙跑到专员公署告状。可胡二发在写状子的时候动了个歪心,他想借此机会收拾那几个平时和自己有过节的地方豪绅,便在抢粮人的名单上写了那几个人的姓名。专员公署接到状子后派人调查,却发现那几个豪绅并未参与抢粮,再加上灾荒之年,众怒难犯,公署不便深究,这事便不了了之。胡二发的一窖粮食救了几百户穷人的命,大伙儿吃了粮食有了力气,在田地里干活儿更勤快了,当年便增加了收成,度过了饥荒。

塞北支队

1933年,中共临河县委成立,王森任书记,阎定础任组织部部长,张鱼子、李四任农运委员。中共临河县委的成立,加强了党在河套地区的领导,标志着党的建设进入了一个新阶段。这年秋天,爆发了震惊绥西地区的"祥泰裕士兵起义"。

20世纪30年代,阎锡山抽调部分军人到河套,以"屯垦实边"为名在河套开荒种地。中共地下党的同志通过与屯垦军中的下级军官接触,启发引导他们参加革命。不久,徐政权、李占海等人加入了中国共产党,并决定在屯垦军中建立组织,发展党的武装力量,举行起义。1933年9月6日这天,因地下党员身份暴露,起义被迫提前举行。李占海和马成俊带领两个班快速离开祥泰裕,跑步直达营连部所在地永安堡(今狼山镇)。他们以起义部队代表的名义收缴了看守武器库士兵的枪械,枪毙了反动营长李开明、排长姜五成和特务长王占彪,捣毁了营连部。李占海当即宣布起义,成立"红军塞北支队",提出"打富济贫"的革命口号。全连有三分之二的士兵愿意聚集在革命的红旗下,跟共产党闹革命。他们臂上系了红布袖标,在苍茫的夜色中向两狼山方向进发,决心上山开展游击战争。

经过一夜的行军,9月7日清晨部队到达大发公(今杭锦后旗团结镇民先村)。这时,一个陌生人混进了队伍,说要参加革命,并信誓旦旦地表示:"小人虽在地主手下当差,但心里最恨的就是地主老财。现在革命队伍来了,我要第一个站出来,革地主老财的命。"说着竟双膝跪地,一把鼻涕一把泪地要起义军的领导人为他做主。李占海等人见他态度诚恳,又觉得他是当地人,熟悉地理环境,就答应让他加入队伍。

起义军进村后把群众召集到天主教堂院内,李占海给大家讲:"我们是共产党,由于忍受不了屯垦军当官的压迫举行了起义。我们上山打游击,劫富济贫,推翻地主阶级的黑暗统治,帮助咱老百姓翻身求解放!不愿受剥削和压迫的弟兄们,想闹革命的,就马上跟我们走。"接着把大地主陈三秃的财产全部分给了穷人。老百姓见起义部队的矛头指向地主,为穷人办好事,认定这是穷人的部队,当即有十几个贫苦农民把儿子送到部队。起义军给他们每人发了一枪一马,准备渡过乌加河上山。起义军虽然人少,但枪多、马多、带的东西也多,人困马乏之际他们决定到大地主徐喜生的炮台里休整。可就在当天中午,徐喜生的炮台突然被县民团包围。起义军经过一番血战才将民团击退。此时,那个要参加革命的人站了出来,自告奋勇要给起义军带路,说有近道可以尽快进入狼山口。

起义军领导听信了他的鬼话，结果被带进了乌加河畔的一片芦苇泥潭中。早已埋伏在那里的县民团和屯垦军的一个骑兵营，开始了对起义军的血腥屠杀。起义部队陷入泥潭动弹不得，丧失了战斗力。一阵密集的机枪、步枪声响过，80多名起义人员大部分壮烈牺牲。那个谎称革命的家伙也调转枪口，将受了重伤的几个队员枪杀。原来这个家伙正是反动军队派来的内奸，姓杨名福庭，外号"杨大侉子"。他乘起义军缺乏警惕之机，骗取了信任，故意将部队带进了死亡的泥潭。

当中共地下组织的领导人得知消息赶到交战现场时，眼前只剩一片惨景。祥泰裕起义虽然失败了，但革命者英勇献身的精神得到了后人的继承与弘扬。"七七事变"后，刘进仁、韩是今等人恢复了中共临河城内支部和其他一些地方的党组织，并与中共绥远工委取得联络。1938年5月，以刘瑞森为书记的中共后套特委一行6人抵达临河，恢复了中共临河县委，接着成立了五原县委、安北县委。临河县委利用临河民众教育馆这块阵地，通过编办《临河日报》，开展了卓有成效的抗日救亡运动。在绥西战役和五原战役中，共产党员领导广大民众承担起"空室清野"、抬担架、救治伤员等艰巨任务，谱写了一曲军民一心、团结抗战的悲壮战歌。

大顺城惨案

党领导人民进行的抗粮、抗税、抗烟款和"吃大户"斗争，引起了临河反动当局的恐惧和仇视。反动当局为了镇压群众运动，和大地主相互勾结，推行反共反人民的屠杀政策，制造了骇人听闻的"大顺城血案"。

1934年底，临河县县长陈令德与410团团长石焕然经过一番密谋，决定派出特务伪装成穷苦百姓在大顺城、陕坝等地进行侦察，同时监视穷苦百姓的行动。1935年4月23日天还没亮，一群特务闯进杜三柱的家，要他带路去陕坝，杜三柱推托不走，特务便强迫他走出家门。当走到离村五六里的郝加浪圪旦时，特务用绳子把杜三柱捆了起来，押送到三区公所。第二天拂晓，三个特务闯进班三家中，强行把他带走。1935年4月，特务前去抓捕穷人会会员陈四，陈四手提铁锹与敌人搏斗。穷凶极恶的敌人竟然开枪将陈四打死，群众看到陈四被打死都怒不可遏，但终因手无寸铁，无法和敌人对抗。敌人的逮捕行动一直持续到8月，先后逮捕了30多人。

敌人对被捕的穷人会会员施用种种酷刑，企图使他们屈服。杜三柱、吕六宁死不屈，始终没有泄露党和穷人会的机密。1935年4月26日，陕坝南门外有戏班子正在唱戏，敌人利用唱戏人多的机会，在戏场四周布满了岗哨，戒备森严，用马车将杜三柱、吕六和陪斩的赵锁仁拉赴刑场。杜三柱和吕六一个面朝东，一个面朝西，被迫跪在戏台上。这时，石焕然杀气腾腾地说："今天要杀几个共产党，让你们看看，谁参加共产党，就是这样的下场……"当下，杜三柱、吕六在敌人的屠刀下英勇就义。杜、吕二人被杀害后，他们的头颅被敌人挂在陕坝的南门上示众，妄图"杀一儆百"。

班三被捕后，多次遭到敌人的严刑拷打，背部的肉被打开了花。敌人每次用刑后都会问他："谁是共产党？"班三都斩钉截铁地回答："我就是共产党，我们就是要为穷人翻身闹革命，你们可以杀我，但我不会说给你们谁是共产党！"面对敌人的凶恶残暴，他守口如瓶，只字不吐，表现了一名共产党员宁死不屈的英雄气概。当时，和班三一起坐牢的人都十分敬佩地说："关于党组织内部的事，班三什么也没说，他和敌人的斗争非常坚决。"1935年5月1日，敌人要对班三下毒手，在赴刑场时，班三昂首挺胸，视死如归。他向妻子和群众招手示意，做最后的诀别。他边走边骂国民党祸国殃民、残暴不仁，高喊："你们今天杀我，将来给我报仇的人可多啦！"

1935年4月23日夜，陕坝驻军头目白桂元带领几十名军警包围了西沙壕，挨家挨户搜捕临河县地下党领导人王逸伦、侯进国和赵面换。军警赶到赵家，发现赵面换不在，气急败坏地抓走了赵面换的大儿子赵锁仁做人质，并用皮鞭毒打赵面换的妻子赵黑眼，逼迫她领着去寻赵面换。赵黑眼知道赵面换就在村子里，遂乘机绕着村子高声喊："锁仁他爹去哪里了，锁仁叫人家抓去了。"暗示赵面换赶快逃走。赵面换闻声后，在穷人会会员的护送下，离开了西沙壕，在红柳地王板山圪旦内弟家躲避起来。

在敌人杀害杜三柱、吕六的当天，县委书记王逸伦，委员侯进国、张鱼子等人在陕坝召开了紧急会议，决定让王逸伦和已暴露身份的党员转移。县委书记一职由侯进国代理。王逸伦在邮差赵维汉的帮助下，化装成邮差，赶着毛驴转移。在陕坝，王逸伦两次与敌特遭遇，都安全脱身。第二天在往临河走时,又与410团团长石焕然遭遇,他巧妙地与敌人周旋,机智勇敢地脱离了险境。

"大顺城惨案"发生后,陕坝地区被白色恐怖笼罩,敌人在临河地区的交通要道设置岗哨,逮捕党的负责人的通缉令贴遍绥西各地。在这种严峻的形势下,临河党的组织与上级断了联系,但临河人民的反抗斗争还在继续。

抗日战争的前线

抗日战争时期,临河是抗击日寇的前沿,临河人民筑起了保家卫国的铜墙铁壁。

绥远省动员委员会

1937年,日本侵略者蓄谋已久的侵华战争全面爆发,华北地区很快被日军占领,归绥、包头、大佘太都驻有敌军重兵。1939年春,从晋陕地区撤到河套的国民党第八战区副司令长官部进驻五原县。当时的河套,绥远省政令所及之处仅有五原、临河两个县和安北半个县。傅作义将军率部进套,一方面是迫于形势,避实就虚,另一方面也是看到河套地势平坦、土地肥沃、渠道纵横、旱涝保收,又与陕北、宁夏接壤,有通往西安、兰州等地的公路,是可以大展宏图的地方。作为国民党在平绥沿线和华北地区抗战的后方要地,河套地区相继撤进来的部队数以万计,统归第八战区副司令长官部指挥。

时任第八战区副司令长官兼绥远省主席的傅作义将军将指挥部驻扎在五原后,即开始整军经武,积极备战,随时准备给日本侵略者以迎头痛击。傅作义所率的第35军是主力部队,装备和人员素质都比较好。傅将军一面延揽人才进行集训,一面仿照中国共产党在山西成立的"民族革命战争战地总动员委员会"(简称"动委会")组织了"绥远省动员委员会",开始动员全民抗日。

动委会是适应抗日战争需要的临时行政机构,在组织上与省政府平行,直接听从第八战区副司令长官部领导。绥远省动委会一成立,傅作义就把清查户口、组织通信网、建立盘查哨、配合军事供应、组织担架队、设立救护站、发放救济款,及发动人力、物力、财力参加抗战的具体工作都交给动委会承担。这与当时只负责传达命令、办理公文的省政府相比,其作用更加突出。

根据动委会的性质和任务,傅作义首先建立了组训组,主管干部分配、调整、训练、考核及政治思想指导。随后又建立了奋斗室,傅作义认为:"国民党中央有'中山室'，八路军有'列宁室'，我们为了抗战而奋斗，要为抗战胜利奋斗到底，所以要有'奋斗室'。"还成立了宣传组，负责的工作有：宣传关于抗日战争及动员工作的政策法令；编印《动员报》，刊登抗战形势、重要新闻、法令、指示以及动员工作的动态。还组织了歌咏队，教唱抗战歌曲，很快便形成了人人会唱歌、处处有歌声的局面。一时间，《大刀进行曲》《青年进行曲》《流亡三部曲》《义勇军进行曲》《黄河大合唱》等著名的抗战歌曲传遍河套。还成立了民众组训组，主管壮丁训练，建立通信网、盘查哨、救护队、担架队及动员民众参军等。通信网、情报站、盘查哨都以乡为中心，根据地理形势、人员情况迅速建立。在时局紧张的情况下，各路口和没有军警的河渠渡口上经常有拿大刀片、扛红缨枪的妇女、儿童盘查往来行人。长官部对地方治安工作的要求是："人必归户，户必归甲。一个坏人不能隐藏，一句谣言不能流传。"

抗日建国讨论会

1939年7月1日，第八战区副司令长官部在百川堡召开了著名的"抗战建国讨论会"（简称"抗建会"）。

抗建会按照傅作义"集思广益，群策群力，献计献策，共同讨论，精益求精，举凡对军政方面应革应兴的事，都要大胆尽量提，务希达到使坏的变好，好的更好的目的"的指示，以平等的方式共同商讨抗战建国大计。抗建会讨论的题目有："共产主义与三民主义之异同""中国革命的基本性质""民族主义、民权主义、民生主义如何实施"。这些问题都是中国革命走什么道路的问题。会上大家畅所欲言，献言献策。会议采取民主集中的方法让与会者充分发表意见，展开讨论。

在讨论中，以张遐民为代表的国民党人大讲"三民主义"，声称只有服从国民党的领导，才能取得抗战胜利。以潘纪文为代表的共产党人据理论述了共产党坚持抗战到底的主张、抗日救国十大纲领及建立最广泛的抗日民族统一战线的宗旨，阐明只有坚持全民抗战，才能取得抗战最后胜利的观点。此次讨论会基本达到了统一思想、提高认识的目的。此后，傅作义要求各部党政军干部都要分期、分批参加讨论会。

抗战建国讨论会自1939年7月至9月在百川堡开办了三期。军官从师、旅、团长到营、连、排长，政工人员从师、旅、团政治部主任到连指导员,行政人员从省政府厅、处长到县、区、乡长,国民党员、共产党员、无党派人士等都参加了学习讨论。通过讨论,军政干部提高了思想觉悟,统一了认识,加强了团结,坚定了抗战必胜的信念,并展开了一系列活动。在军事上,开展大练兵,提高部队战斗力;在行政上,动员民众配合部队开展军事行动,推进军民合作,发动全民抗战,以争取最后的胜利。会议期间,傅作义与轮训人员同吃、同住、同学习,过军事生活。每次大会讨论和军事演习,他必亲自参加指导,在悉心听取各方面的意见后做出总结。对有特殊见解的发言,还要记下发言人的姓名,加以表扬;有时他也发言,提出建议,供大家讨论。军事实战演习由参谋处处长袁庆荣指挥,政工人员也被分派到各演习部队里配合工作,进行火线喊话演习。

抗建会由傅作义亲自主持,下设三个组,分别为政治工作组、地方行政组和军事训练组。军事训练组负责战术研究与军事训练。一是如何加强其他兵种与步兵的联合作战,特别是步、炮兵联合作战。根据以往的作战经验,与作战顽强、训练有素的敌人作战,在发起进攻时,必须首先以猛烈的炮火轰击顽敌;与此同时,步兵迅速推进,在距离敌人火力射程不远处隐伏下来,等炮火一停,趁硝烟未散立即发起进攻,与敌短兵相接,手榴弹迫近投掷与白刃格斗相结合,大量杀伤敌人,迅速占领阵地。此法可避免由于敌人武器精良、火力猛烈,而使我正面部队被大量杀伤的危险。二是怎样奇袭敌人。由于敌强我弱,以往每次进攻都损失大、收获小。为此,须利用黑夜掩护悄悄接近敌人,乘敌人睡意蒙眬之际突然发起进攻,使敌人措手不及,猛插分割后分块吃掉敌人。三是怎样实施攻点(主)截援(次)、攻点(次)打援(主)战法。四是怎样运用掏心战术。即组织一支精锐突击部队,在其他部队的协同牵制下,勇猛插入敌阵心脏,先摧毁敌指挥中枢,切断敌通信联络,致敌指挥失灵、全线动摇,然后割裂围歼。在训练的同时,侧重研究和演练诸如"攻必克""守必固""围城打援""正顶侧打""软顶硬行""扔开一路、专打一路""防御大纲构成法"等对日伪军作战的新战法。

抗建会第二期末,蒋介石给傅作义发来密电,内容是:一、创办抗建会是好的,但不得允许共产党人参加。对已参加者亟应清除,以后任何会议及训练机构均不得让共产党参加。二、对已公开的共产党员，不得使其任领导职务，并严加监视。三、派张彝鼎为副长官政治部中将主任。该部所属政工人员均须由主任清查后再行任用。傅作义接电后，一笑置之。

第三期抗建会在国民党中央的施压下，反共言论增多。"共产党的主张不适合中国国情""共产党建立的是封建割据政权"等言论又都搬上了台，抗日民族统一战线受到冲击。

傅作义听了大会发言后并没有直接表态，但在两军（第35军与绥远游击军）政工小组讨论会上说过这样的话："我是信奉三民主义的，早年也曾参加过辛亥革命与北伐战争，深信三民主义可以救中国。孙中山先生领导国民革命，推翻清政府，建立民国，其目的在求中国之自由平等，不再受帝国主义与封建主义的压迫。为达此目的，就必须唤起民众及联合世界上以平等待我之民族共同奋斗。至于孙中山先生生前所提出的'联俄、联共、扶助农工'的革命政策，现在仍然需要。'团结奋斗、振兴中华'以及'和平奋斗救中国'这都是孙中山先生的遗训，我们应努力完成。现在国家民族正处于危急存亡关头，国土与人民正遭受日寇的侵略与蹂躏，凡有血气的中国人，都应奋身而起，以救国家。尽管信仰不同，但不愿做亡国奴的心愿却是人人相同的。就凭这点，就可使人团结起来，齐心协力，抗战救国。今后三民主义如何具体实施，我认为'为政之本，首在民生''平均地权，节制资本，与耕者有其田'，这也都是孙中山先生早就主张过的，我们今后要努力求其实现。我觉得为政不在多言，主要在于力行。今天召开抗建讨论会，目的是要大家携起手来，统一意志，增强信心，在巩固国防的同时建设大西北，以至收复一切失地，打败日本侵略者，建立一个平等自由、富强康乐的中国。"

傅作义在河套推行的整军之策取得实效，在随后的绥西会战中，河套军民齐参战，给侵略者以沉重打击，书写了抗日战争史上的光辉一页。

亚马赖会议

傅作义将军指挥的包头战役与绥西战役给日本侵略军以沉重打击。日军退守五原后，留下15000人妄图久据河套。为了制定攻取五原的策略，傅作义于1940年2月26日夜在指挥部驻地临河县西北约40千米的一个小村庄——亚马赖召开了团长以上干部会议,五原战役的帷幕就此揭开。

这天晚饭后,会议开始了。傅作义首先发表了带有启示性的讲话,他说:"(大意)包头和绥西战役都取得了胜利,包头这一锤头,着着实实地砸伤了敌人;绥西战役夹击歼敌的计划虽未达成,改取分区游击的办法却也消耗了敌人,打掉了他们那种汹汹的气焰,粉碎了他们速战速决的战略意图。我们所犯的那些错误,主要是有的人不顾全局,只凭自己一小部分的一时一地的情况去行动;有的人敌情观念不强、消息不灵、行动迟缓、坐失良机等。在总的指挥方面也有不少的错误,如在包头战役中,命骑7师破坏铁路、坚决阻敌的任务未按计划完成却又过早撤退;绥西战役中,令宁夏马腾蛟师坚决阻击黑田部队,竟然一经接触即行溃退,使我们一时陷入混乱被动。这都应说是知彼不知己的错误。"

傅作义接着说:"这里必须给大家讲明白,目前相当严重的情况出现了,与前两次战役大大不同,处境困难复杂。一是绥西情况逆转,大大挫败了士气。个别指挥官竟然潜回后方,这是我们部队以前极少见的不良行径。二是包头战役,尤其是绥西战役第一阶段的战斗减员,至今未能得到补充,而且一时也很难得到补充。三是攻包头前,虽经埋藏了一些粮食和弹药,但经不起长时间的消耗,而且近期没有得到后方补给的可能性。四是蒋先生不知出于什么谋略,竟来电报让我们往后撤。接不接受这样的命令呢?这都是我们难以处理的。"(引自王亚兴《我参加抗战救国讨论会的见闻》)

傅作义讲完后,与会者进行了激烈地讨论。概括为以下三种意见:第一种,自抗战以来,我军损失太大,人员损伤三分之二以上,尤其干部损伤严重,如不整补,胜算不大。第二种,部队先在丰济渠以西整顿一个时期,迨士气稍有恢复,人员装备得到补充,再行反攻,收复失地。第三种,严明赏罚是自古以来治军的根本。对在这次战役中立功的应予奖励,违反军纪作战不利的应绳之以法,如此方能激励将士,振奋军纪;同时各部应严加整训,切实认真做好反攻的各项准备,相信可以克敌制胜。最后,傅作义胸有成竹地做了总结,他对大家说:"我们必须明确选择坚持抗战到底这条正确的道路,必须尽快地把目前盘踞在五原一带的敌人消灭掉。"

为了严肃军纪,以正视听,会

议决定将作战不利的绥远游击军司令马秉仁、第31师91团团长刘景新送交军法处议处；也批评处分了一些有关人员，连董其武也受到停职留任的处分。会议开到第二日拂晓才结束。

亚马赖会议是一次统一思想、坚定意志的会议。经此会议，全体官兵士气振奋，斗志昂扬，为五原战役的胜利做了积极的准备。

绥西军政干部培训团

抗战时期，傅作义将军曾在今干召庙镇旭光村办过一所学校，叫"绥西军政干部培训团"，简称"绥干团"。绥干团对绥远省政府和第八战区副司令长官部所属的军政干部进行轮训，为地方和军队干部的配备与素质的提高发挥了很大作用。

旭光村原是临河市八岱乡政府所在地，2001年撤乡并镇，八岱乡撤销，旭光村并入黄羊镇。2004年黄羊镇也撤销，旭光村最终划入干召庙镇。据76岁村民石玉昆讲："旭光村过去叫'老营盘'，因为民国年间这里有军队长期驻扎，是傅作义的部队。"石玉昆所言，正是1931年晋军入套屯垦的那段历史。那时，担任太原绥靖公署主任的阎锡山，集晋绥军政大权于一身，他在河套开辟了新的基地，并以"御侮实边"之名拨兵屯田，所抽调的部队就有傅作义的第73师部分编余官兵。阎锡山派来的部队一进后套，就武力没收了王英的部分土地。又将屯垦队分布在广阔的河套平原上，兴修水利，开荒种植。部队驻扎的地方都建有军营，俗称"扎老营"。例如今新华镇内的营盘当时叫"百川堡"，狼山镇内的营盘叫"永安堡"，旭光村内的营盘俗名"老营盘"。

傅作义将绥西军政干部学校设在旭光村，正因为这里一来有建好的营盘可以利用，二来距离绥远省政府所在地陕坝很近。傅作义每次来学校给学员上课，只需骑马或骑自行车就能到达。一次，傅作义骑着自行车去绥干团讲话，路过一家理发店时不慎摔了一跤，导致一条胳膊骨折，伤势很重，不得不到兰州的大医院治疗。原来，那家理发店的老板有个不好的习惯，每天都要把客人洗头的水泼到路上。这天他刚刚泼了水，傅作义正好骑车路过，车轮一打滑摔倒在地。理发店老板得知摔伤的人是第八战区的傅长官，心里非常害怕，认为得罪了大官肯定要受罚，轻则罚款，重则枪毙，因此寝食难安，昼夜叹息，竟然病倒在床。傅作义知道后，特意叫自己的副官登门拜访，向他说明摔跤是因为自己不小心，责任不在理发店。理发店的老板这才把一颗心放进肚里。

针对当时战区军政干部的实际情况，傅作义为绥干团制定了具有指导意义的培训纲领。概括为："四要""四有""四为""五个一致"。"四要"是：要积极工作，要艰苦朴素，要团结互助，要学习进步。"四有"是：有抗战胜利的信心，有奋斗牺牲的精神，有民主平等的作风，有对国家、对集体、对职务的责任心。"四为"是：为国家，为整体，为将来，为胜利。"五个一致"是：生活一致，作风一致，官兵一致，军政一致，军民一致。

陕坝绥远省政府与新县制改革

1939年春，傅作义率领绥远省政府工作人员进驻五原，同年4月又将省政府迁到临河辖区陕坝。省政府设民政、财政、建设、教育四厅和秘书处，之后随着发展又陆续增设地政、田赋、粮食、物资、公路、合作事业等管理机构。

抗日战争时期的绥远省，行政权力所及范围仅五原、临河二县及安北县的部分地区。1942年，绥远省政府主席傅作义为了加强对后套地区的管理，有效发挥行政权力和作用，在后套推行了新县制。

傅作义在多渠道物色干部人选的基础上，特别加强了"干部条件""干部训诫"的学习培训，为推行新县制做准备。1942年5月，绥远省政府组织人员划界：将临河县西部划出设米仓县，治所设在三道桥；将临河北部地划出设狼山县，治所在祥泰裕；将陕坝单设为市镇筹备处。同时在五原、安北两县基础上增设晏江县。这样，后套地区便由原来的2县1局扩充为6县1市。又将各县原有区公所一律撤销，实行县对乡的直接管理。

划分后的临河县辖水灵、水和、水嘉、水太、水刚、水康、水福、水胜、水兴、水宁、太武、太章、太富、太成、太昭、太平、太乐、庆远18个乡和永济镇。治所设在永济镇。

"绥远方式"的要冲

1949年，解放战争进入最后决战的关键时期，党中央、毛泽东主席为了加快全国解放的步伐，对绥远地区采取了特殊的战略决策，时称"绥远方式"。

"九一九"起义

毛泽东主席在党的七届二中全会上指出："辽沈、淮海、平津三大战役以后，国民党军队的主力已被消灭。国民党的作战部队仅仅剩下一百多万人，分布在新疆到台湾的广大的地区和漫长的战线上。今后解决这一百多万国民党军队的方式，不外天津、北平、绥远三种。……绥远方式，是有意地保留一部分国民党军队，让它原封不动，或者大体上不动，就是说向这一部分军队作暂时的让步，以利于争取这部分军队在政治上站在我们方面，或者保持中立，以便我们集中力量首先解决国民党残余力量的主要部分，在一个相当的时间之后（例如在几个月、半年，或者一年之后），再去按照人民解放军制度将这部分军队改编成人民解放军。"

1949年9月19日，在傅作义将军的帮助下，绥远省主席董其武率绥远省军政人员宣布和平起义，实现了绥远和平解放，史称"九一九"起义。

"九一九"起义后，在政权接交上，中共临河县委面临着团结改造旧职人员和旧军队，及使"军队解放军化，地方解放区化"的紧迫任务。在经济上，临河县委要面对一个千疮百孔的烂摊子，人民生活困苦不堪，工农业生产极其落后。面对绥西地区的严峻形势，绥远省生产建政工作团一手抓政权建设，一手抓生产恢复，展开了紧张而有序的工作。中共临河县委与中共绥远省派出的生产建政工作团同步建立，但鉴于当时临河地区复杂的政治局势，党组织经历了一个逐步公开的过程。

1950年4月，临河县人民政府成立；7月，废镇建区，废保建政。新生人民政权建立后，临河人民开始当家做主。在临河县委的领导下，全县6万多人民齐心建设新临河，共同奔向社会主义光明大道。新生人民政权以恢复生产、造福人民为宗旨，发动群众复工复产，参与戒烟禁毒、扫除文盲等活动。

剿匪战斗

1950年7月至9月是河套地区土匪活动最猖獗的时期。他们勾结伪装起义的反动军官，打着已经覆亡的国民党旗号，到处烧杀抢掠，气焰十分嚣张。尤其在朝鲜战争爆发后，他们公开叫嚣"第三次世界大战很快就要打起来了""共产党快要完蛋了"……攻击目标直接对准生产建政工作团和新生人民政权。截至1950年10月，土匪围攻晏江县城，袭击狼山县三区、四区区公所和临河县二区区公所，抢劫狼山县、米仓县的粮库，杀害军政干部13人。绥远省陕坝专员公署各县共发生抢劫案603起，匪徒打死群众47名，打伤17名，抓走青壮年21名，抢劫马匹530匹、骆驼30峰、羊90余只、公粮200多石、现洋50元、现款3169万元。

1950年2月至4月，绥西起义部队进行整编，统一使用中国人民解放军的番号，经过一段时间自上而下的政治教育，大部分官兵能认清形势，积极要求进步，改编整训工作总体上是平稳的。但部队中仍有一些顽固坚持反动立场的人，企图逃避整训，他们在潜伏特务的策动下，结伙叛乱，投入匪伙，走上与人民为敌之路。

1950年4月，绥远省人民政府、绥远省军区司令部联合发出《坚决彻底肃清残余土匪特务》的布告。5月，省军区派红、白马骑兵连开进河套，各旗县成立剿匪指挥部，开始侦察匪情。6月中旬，第209师独立营进驻河套，配合红、白马骑兵连围剿股匪。8月，绥远省军区陆续调集骑兵第4师10团、12团、第37军109师327团，陕坝军分区独立营，中、西公旗支队，组成绥西剿匪部队，任命骑兵第4师师长毕力格巴图尔为总指挥，第109师副师长唐文佐为副总指挥，骑兵第4师副政委乌力吉那仁为政委，陕坝军分区参谋长刘生恺、骑兵第4师参谋长赵英分别为正、副参谋长，在地方公安机关的配合下，开展大规模剿匪行动。

根据土匪活动的特点，剿匪指挥部确立了军事围剿和政治瓦解相结合的指导思想，并制定了先捕匪首，再分片包围、各个击破的作战计划。1950年8月，在绥远省公安厅的直接指挥下，陕坝专署公安处派遣内线隐秘跟踪，控制了匪徒设在狼山境内的电台，掌握了匪徒的全部机密。随后将特务头子李鲲生由太阳庙诱到陕坝大顺城地区捕获。1950年9月，公安侦察人员深入伊克昭盟（今鄂尔多斯市）杭锦旗麻迷图匪特总部，将匪首崔正春逮捕，又在陕坝专署首次各界人民代表大会期间将匪首田树梅抓捕。

1950年9月12日，剿匪部队开始分头行动，对股匪进行追剿。9月中旬，在米仓县三道桥将张希尧率领的200余名匪徒包围。经过5个多小时的激战，剿匪部队打得土匪人仰马翻，当场击毙齐敬德等20余人，活捉张福祥等10余人，缴获长短枪22支、子弹386发、马80余匹。不久，剿匪部队将张希尧擒获。临河县公安队在二区围剿阎侯福匪伙，当场将阎侯福击毙。又在临河县城外袭击了宋喜子股匪，活捉匪首宋喜子。月底歼灭了活动在罗圈湾、乌兰淖尔、老姑滩等地的土匪。

1950年9月下旬，剿匪部队在狼山县牛场湾一带将李在匪伙大部歼灭。李在和两名随从漏网，他们渡过黄河潜入伊克昭盟的沙窝中，不久亦被扣捕归案。1950年10月中旬，剿匪部队对龟缩在太阳庙周围的残余顽匪进行了大围剿。围剿战场上东有骑兵第4师跟踪追击，西有驻宁夏的杨得志部堵截，南北有独立营和红、白马骑兵连夹击，残匪非死即伤，无一逃脱。此役共打死打伤匪徒200余人，俘获50余人，尽缴其枪弹马匹。

在军事围剿的同时，剿匪部队和各级人民政府积极宣传党的剿匪政策、法令，动员群众举报土匪行踪和窝藏土匪者。同时，认真做好匪属工作，号召土匪投诚，争取宽大处理。至1950年底，河套各地群众共检举匪特200余人，抓捕160余名。在强大的政治攻势下，匪伙分崩离析，不少土匪弃枪逃跑或弃暗投明。刘喜才、贺洪荣等30余人先后向剿匪部队缴械投诚。

1950年底，匪首张希尧在归绥市被公审枪决。张德彦等77人被临河县公安机关处决。1951年5月镇压反革命运动期间，匪首崔正春、田树梅在北京被依法处决。

引黄灌溉　源远流长

HUASHUONEIMENGGUlinhequ

巴彦淖尔市　　临河区

引黄灌溉　　源远流长
YINHUANGGUANGAIYUANYUANLIUCHANG

临河因临近黄河而得名,它的命运也与黄河息息相关。黄河的慷慨赐予,使临河成为富庶之地;黄河的暴虐无常,也曾使临河人民遭受灭顶之灾。水利开发工程艰苦卓绝,既成就了临河的经济,也塑造了临河人的性格。临河美,美就美在临河的水。

天来之水

古代的黄河没有水利设施,河水自然流淌,如同脱缰的野马。黄河两岸常常遭受洪涝灾害,当地居民深受其害,但河套地区是个例外。黄河流淌在河套平原上,好像有意惠顾这里似的,它调头向北绕了一个大弯,把一大片平原拥进它的怀抱。河套人引黄灌溉,不仅滋润了牧场,还开垦了农田,河套成了旱涝保收的好地方。

发源于青藏高原巴颜喀拉山的黄河,曲折东流,注入渤海,向人们展示着它百折不挠、奔腾向前的磅礴气势。有关黄河在河套段的远古历史已籍无所载,但从中华民族关于水的神话传说中可见一斑。中国古代神话中最早出现的治水英雄是位女性——她就是炼石补天的女娲。女娲"炼五色石以补苍天,断鳌足以立四极,杀黑龙以济冀州,积芦灰以止淫水",结果是"淫水涸,冀州平"。在很早以前,现在的阴山山脉淹没在一片汪洋大海之中,称阴山海峡,后来的造山运动才使它突兀而起,高出水面;而河套平原本是一个巨大的盆地,经过漫长的风沙和黄土堆积,才最终成为平原。女娲治水所用的芦灰,正是这些填平峡谷的黄土。

女娲之后出现的治水者是共工氏。共工氏住在黄河之南,背山面河。河流两岸有肥沃的田地和丰富的水源,是人类生息繁衍的理想家园。黄河从深山峡谷冲出,奔腾于广阔的平原之上,无拘无束,泛滥无常。"水处十之七,陆处十之三。"面对此种情形,共工氏"壅防百川,堕高埋庳",即把高处的泥土、石块搬下来,在离河不远的地方修一道土石堤埂,用以抵挡洪水。这种筑堤防的治水之法,是劳动人民在

日照大河

实践中总结出来的一种有效方法，至今尚在运用。共工氏治水的传说同样反映了河套人民在远古时代用土法治水的辉煌历程。

尧舜时代，黄河多次泛滥，洪水肆虐。"汤汤洪水方割，荡荡怀山襄陵，浩浩滔天。"滔天的洪水淹没了广阔的平原，包围了丘陵和山冈，人畜等都被洪水吞没。大水经年不退，无法进行耕种。面对洪水的威胁，黄河两岸的部落首领聚在一起商量对策，最后决定由崇伯

又增加了筑围自保之法。但洪水猛涨，围堰往往无济于事，有些虽然有一时之效，但在洪水的长期浸泡冲荡之下，堤坝塌方严重，或发生管涌而终酿成溃决，猝不及防的民众遂遭灭顶之灾。

鲧的治水方法就这样被实践无情地否决了，相传鲧也因治水不利而丢了性命。临死时，鲧将已长大成人的儿子禹叫到跟前，嘱咐他继承父业，继续从事治理洪水的工作。禹是一个勤劳勇敢、聪明睿智的人，曾跟随父亲参与治水，对洪水的习性有一定的了解。他深刻地反思了父亲治水失败的原因，努力探索新的方法。他找到专门从事水患研究的伯益和共工氏的后代四岳等部落首领做助手，一起研究治理洪水的方案。伯益提议说："用壅堵之法治水，只是个权宜之计。洪水是没有穷尽的，怎么能够堵得过来呢？不如换个思路想想，假如用疏导之法治水：一来可以顺应水的天性，让其顺畅地往低处流；二来可以扩大水的流域面积，使更广大地区的人都能享受水利的泽被。"禹采纳了伯益的建议，试着将各不相通的大小河道穿凿接通，让大河里的水既能流得进又能流得出，这样果然减少了水灾。禹组织广大群众一齐动手，自己"身执耒锸，以为民先"。治水工作艰苦而繁忙，禹常忙得顾

鲧负责治理水患。鲧接受任务后，率领众人筑土围子防堵洪水，并用堤埂把人聚居的地区和临近的田地保护起来，这便是古代城垣的雏形。很明显，鲧的治水方法是沿用了共工氏用过的老办法，只不过是在拦堵的同时

不得梳洗，腿上的汗毛被磨光了，皮肤也被太阳晒得黑黑的。他婚后在家待了四天就又投入治水工程，在外整整十三年，曾三过家门而不入。在禹和劳动人民的共同努力下，经过十多年的治理，汹涌的洪水终于被制服了。

相传在禹的时代，黄河上游水流不畅，两岸的居民时常遭受水灾，原因是黄河水在东流的道上被一座大山挡住了。禹带人大干了三年也没把缺口打开。眼看着河水上涨，就要淹没两岸的农田和房舍，禹很是着急。就在这时，天地间忽然卷起一股飓风，霎时一柄巨大的神斧从天而降。那神斧降到一人高时便盘旋在空中，好像有所等待似的。禹伸手接住那斧，仔细一看是一柄青铜大斧，寒光闪闪，锋利无比。禹知道这是上苍在助他开山，便举起巨斧狠命向那阻挡河水的大山劈去，只听见"轰"的一声巨响，那山被劈成两半，中间有一道百丈深的大峡谷。河水顺着峡谷倾泻而出，野马奔腾般地向东而去。后来，人们就把这个用青铜大斧劈开的峡谷叫作"青铜峡"，把河水冲积而成的平原称为"河套"。河套平原美丽富饶，五谷丰登，被誉为"塞外粮仓"。

自流灌溉

黄河是中华民族的母亲河，两岸人民在黄河的哺育下茁壮成长，不断创造着美好的未来。

蕃州部落能结束，
朝暮驰猎黄河曲。
燕歌未断塞鸿飞，
牧马群嘶边草绿。

唐人李益这首《塞外曲》描写的正是黄河之滨，将士驰猎、水草丰美、禽飞兽走的生机勃勃的景象。同时，这首诗也反映了黄河之水浇灌草原绿地、养育了河套万物的博大胸怀。

黄河流经河套平原时，如同一匹脱缰的野马，一路奔腾，无遮无拦，随着地势的起落肆意流淌。冲刷深广者则为主流，冲刷浅窄者成为支流。黄河在河套平原上多次改道的变迁史，验证了流传于百姓中的"三十年河东，三十年河西"这句谚语。古黄河从乌海市附近的三道坎流出山峡，向北直趋阴山脚下。自晚更新世以下，这段河道北段渐渐向东移动。在傅家湾一带，至今还留有三条旧河道的遗迹。1963年侯仁之先生对乌兰布和沙漠北部进行考察，发现自补隆淖以西到陶升井之间，至少有三道古代河床遗迹。第一道在补隆淖西5千米处，第二道在西20千米处，第三道在西40千米处。这三道古河道恰巧和傅家湾古河道南北相对应，可知是古河道的上、下两段，而中间河段则为黄沙所埋没。

郦道元《水经注》上载：黄河入套口部"北逦西溢"形成一个大泽，叫"屠申泽"。屠申泽与黄河相通，由黄河供给水源，成为黄河入套口的一个调节大水库。但北魏以后，由于黄河河道东移，屠申泽渐渐远离水源，以至完全与黄河隔绝，最终被东侵的沙漠包围并日渐萎缩。在《清乾隆内府舆图》上，原屠申泽故址处只标有一个叫"腾格里鄂博"的小湖。而到了新中国成立之初，这个原水域面积约为700平方千米的大湖只剩下一个平均水深不足2米的太阳庙海子。两千年前的河套南北两河的形态，也在漫长的历史演进过程中经历了多次的变迁。尤其在近三百年间，变化更为巨大。对此，水利专家陈耳东曾撰文指出："清初河势始变，见康熙《皇舆全图》者，已不复为南北二河，而系初分为东西两派，继而分南北中三派，不分主次……"

河套平原黄河水道的历史变迁表明，河套自古就是水流环绕、大水漫滩的一块湿地，湿地上百草丰茂，树木成林。而作为河套平原天然屏障的阴山山脉，也不似今天这样岩裸峰秃，而是林木参天、百兽出没。正是因为这种极好的生态环境，河套地区才成为西北游牧民族的摇篮。

先秦时期，河套地区就有多个民族生息繁衍。之后，匈奴、鲜卑、敕勒、突厥、党项、蒙古等多个民族先后在这里驻牧。在黄河水的滋养下，这里成为天然的牧场，牧人的理想家园。战国以后的三百年间，阴山南北多为匈奴的牧地，畜牧业十分兴盛。汉高祖七年（前200年），刘邦被匈奴围困于白登山，当时的匈奴骑兵队以马的毛色编队，阵容十分强大，反映了匈奴养马业的发达。阴山南北水草丰美的牧场养肥了匈奴的战马，这也是匈奴长期驻牧在这里，此后又反复争夺此地的主要原因。《汉书》载："匈奴失阴山之后，过之未尝不哭也。"

鲜卑南下河套时期，曾将乘高车的敕勒人安置在河套一带从事畜牧业。聪慧的敕勒人在牧放牛羊的同时还学会了农耕技术。经过几十万敕勒人的辛勤劳作，阴山南、黄河北的畜牧和农耕经济日益兴盛。

黄河水不仅孕育了河套的农耕文明，还在漫长的社会发展中，滋养着阴山脚下的畜牧业。

秦汉"河南地"

囊括临河全境的河套灌区具有悠久的发展历史,它的灌溉源起可以上溯到秦汉甚至更远古的历史时期。

战国时,匈奴在阴山一带崛起,他们越过阴山,饮马黄河,驻牧河套平原。古河套称"河南地",因其在黄河主流——北河(今乌加河河道)以南而得名。秦始皇统一六国后,建立了强大的中央集权制国家。他派大将蒙恬领兵数十万北击匈奴,夺取河南地。秦在河南地设置郡县并驻重兵防守,开始了河套地区有记载以来第一次大规模的农

黄河淘岸

业开发。但短命的秦朝很快走向覆亡，匈奴再度南下占领河南地。

汉朝建立以后，经过70多年的休养生息，生产逐渐恢复，国力逐步增强。而汉武帝时，穷兵黩武，多次发动战争，包括今河套地区在内的西北边疆地区成为战争的要冲。

汉军经过河南之战、河西之战、漠北之战三场战役将匈奴击溃，在河套地区开始了更大规模的农业开发和兴修水利事业。汉武帝元朔二年（前127年），大将卫青收复河南地后，汉朝在河南地建立了朔方、五原二郡，将今巴彦淖尔市和鄂尔多斯市杭锦旗一带，东到包头市和东南沿黄河两岸纳入治所，派人筑起城池，驻兵防守。这些驻军一面负责边防，一面开垦土地，以解决军粮不足的问题。与此同时，汉朝又从内地招募10万农民进套开荒种地。军屯、民屯共同推动了汉代河南地的大规模开发。

汉元狩二年（前121年），汉武大帝再次派骠骑将军霍去病统领大军出击匈奴，迫使其退出河西地区。汉朝在河西之地建立了酒泉、武威、张掖、敦煌四郡，将版图和农业开发区进一步扩大。河西与河南地的农业区连成一片，构成一条汉朝西北农业生产线。元狩三年（前120年），汉朝再次迁徙山东灾民70多万人开发大西北。元狩四年（前119年），卫青、霍去病各领骑兵5万，分东、西两路远征漠北。匈奴远遁，漠南之地为汉所有。这样就为河西、河南的农垦水利事业进一步发展创造了安定的环境。汉朝又于元鼎六年（前111年），在"上郡、朔方、西河、河西开官田,斥塞卒六十万人戍田之"。(《汉书·食货志》)天汉元年(前100年),又遣发犯人在五原一带屯田。

这几次大规模移民实边行动,为开发农田、兴修水利提供了必要的劳动力。《史记·河渠书》上载:元封二年(前109年),"用事者争言水利。朔方、西河、河西、酒泉皆引河及川谷以溉田"。就是说,当时除引黄灌溉之外,还接引山川河谷里的水流灌溉农田。

西汉农田水利得到较快发展,与汉朝大力提倡和采取有效措施不无关系。汉武帝认为:"农,天下之本也,泉流灌浸,所以育五谷也。"(《汉书·沟洫志》)由于政府对农田水利事业的重视,内地数万之众奔赴西北边陲谋生。农具的大量使用促进了铁器制造业的发展,在今磴口县补隆淖乡附近发现的制铁遗址,紧靠汉代临戎古城,表明当时的城市不仅是驻军的场所、防卫的堡垒,也是手工业、制造业的集散之地。古城附近的制铁作坊显然是为当时的戍边将士制造武器和为农垦活动制造农具的。两汉时期人们有关农业的知识已相当丰富,土壤学、作物学等都在发展。广大农民在辨土、施肥、选种、田间管理等方面积累了丰富的经验。"代田法"就是一种适应西北地区自然条件的、比较科学的耕作方法。代田法是将长百步、宽一步(古代称一亩)的地分成三畎三垄,每畎宽、深各一尺,作物种在畎内,畎和垄逐年调换。这种耕作法既有利于抗旱保墒,又可使地力获得休养。此外,还有耕田法、种麦法、种瓜法、种瓠法,为调节稻田水温而用的控制水流法,及桑苗截干法等,都是比较先进的农业生产技术。

汉朝对农业的管理也高度重视,据《史记·匈奴传》载,开朔方郡之后,"自朔方以西至令居,往往通渠置田官,吏卒五六万人"。与朔方郡相邻的西河郡内,即今内蒙古鄂尔多斯市杭锦旗霍洛柴登古城,曾出土了"西河农令"铜印一方,是汉朝掌管屯田事务的农官的官印。兴修农田水利给汉朝带来了显著的经济效益。原先在朔方驻守的将士所需的军粮都由内地输送,千里迢迢,耗费甚巨。《史记·平淮书》记载,一次朔方筑城就"转漕甚辽远,自山东咸被其劳,费数十百巨万"。而屯田制推行后,"《禹贡》雍州之域……乘厄据险。因渠以溉,水舂河漕。用功省少,而军粮饶足。故孝武皇帝及光武筑朔方,开西河,置上郡,皆为此也"(《后汉书·西羌传》)。

西汉时期，朔方郡先后设立了10个县，其中有4个县在今河套范围内，即设在今临河区境内的临河县和磴口县境内的三封、窳浑、临戎三县。三封、窳浑、临戎三座古城的地理位置恰成鼎足之势，临戎西北距窳浑约30千米，西距三封约50千米，窳浑距三封约30千米。它们分别建在相对集中的范围之内，东、南两面临近黄河，其北则为水势浩渺的屠申泽，可谓据险而设，可见汉朝有军事防御功能的考虑。当然，这一带农田上乘、水灌便利、宜于集中开发等优势也是在此筑城的重要原因。

侯仁之与俞伟超合著的《乌兰布和沙漠的考古发现和地理环境的变迁》一文中说："以汉代朔方郡的设置为线索，结合有关的历史文献加以考察，不难断定朔方郡西部临戎三城初建的时候，现在的乌兰布和北部一带地方，非但不见沙漠踪影，而且还成为汉族移民屯垦的重要地区。特别是到了西汉王朝最后的半个多世纪，朔方'无复兵马之踪六十余年'，促进了这一地区人口的繁盛和农牧业的发展。关于这一点，东汉史学家班固曾说：'数世不见烟火之警，人民炽盛，牛马布野。'如所描写，真是一派繁荣富庶的景象。这里所指，虽然不限于临戎三城，而临戎三城肯定是包括在这一繁荣富庶的农垦区之内的。现在广泛分布在三城废墟附近一带的汉墓群就是一个很好的证明。"

另外，陈桥驿在《水经注研究》一书中也肯定了屠申泽的作用，"在西汉时代为一个繁荣的边疆垦区提供灌溉的大湖"。由此可见，西汉时期是河套水利事业发展的一个高峰期。

桔槔取水与就河引灌

"桔槔取水"也叫"吊杆取水"，就是将木杆架到高处，一头用绳子拴着吊桶，一头绑着石头，靠石头的压力将水吊起，浇灌高处之地。乾隆时有人来到河套以打鱼为生，他看到黄河北岸洪水漫溢之处土质肥沃，适宜耕种，便采用"桔槔取水"的办法浇地，结果喜获丰收。当时，捕鱼者大多从陕西、宁夏、甘肃等地而来，对农耕之事并不生疏。他们把农具、种子和家眷全都带来，以捕鱼为名在河套定居下来，虽是小片垦种，但也推动了河套农田水利事业的发展。

"桔槔取水"之后是"就河引灌"。清朝乾隆以后，河套一带的商业贸易进一步发展，主要是蒙汉群众之间的货物交换日益频繁。来这里做生意的汉人多系毗邻的河北、山西、陕西等地的商人。起初，这些人都是带着内地的货物来这里出卖。按照清朝规定,一次贸易往返不得超过一年,这种贸易形式带有明显的旅行特征,这些商人便被称为"旅蒙商"。后来有的旅蒙商在河套定居经营,以包头、五原为据点开设商号,逐渐形成强大的商业资本势力。商人又和蒙旗王爷合作,投资租赁和分佃土地,成为地商。地商租种的土地,都是河水易到的低洼处,费力甚小而获利颇丰,如同今天耕种黄河大堤以内的河滩地,只要撒了种子,秋后自有收成。虽有被大水淹没的风险,但一年丰收,可保九年衣食无忧。

汉代朔方郡农垦事业的发展与水利开发是同步进行的。侯仁之先生通过考古证实:"可以设想两千多年前,汉代最初的移民,正是在这一片原始大草原上,把一望无际的处女地开垦了起来,但是为了保证收成,还必须进行人工灌溉……在野外考察中,曾经注意寻访汉代渠道的遗迹而一无所得。这或者是由于后来流沙的侵袭,古道已被淹埋,或者是由于强烈的风蚀作用,致遗迹泯灭,不可复见。将来如果能够进一步详细考察,或许仍有可能发现一些汉代水利设施的旧迹。至于引水泉灌溉,今在乌兰布和沙漠的北部尚不乏其例。古代阴山林木丛茂,水土保持条件远较今日为好,估计当时山泉流量亦较今日为大,因此引山泉以溉田也是完全可能的。"

地商水利与干渠开挖

明、清两代是河套水利开发的又一个高峰期。在此期间,河套地区出现了一种特有的经济现象——地商经济。地商是城市商业资本与农村土地结合的产物,具体地说就是原来在城市从事工商业的资本家,将部分资金投放到农村,进行土地开发并从中谋利。商地结合产生了地商,地商所经营的水利称"地商水利"或"地商经济"。

鸦片战争之后,中国逐步沦为半殖民地半封建社会。19世纪50年代以后,俄、英、法、美、德等帝国主义势力侵入华北地区,倾销产品,掠夺原料,相互之间展开激烈的市场竞争。华北地区的旅蒙商在此情况下遭到严重打击,一部分人被迫转入农村,投资土地开发。河套虽然地处西北,但土地肥沃,又可得黄河灌溉之利,自然成为商人投资趋利之地。从此,部分旅蒙商在河套定居下来,转变为包地商人,于是地商经济应运而生。

河套地商经济的发展,从乾隆年间开始到光绪年间,经历了大约150年的时间。人工开挖干渠从道光八年（1828年）开始，到光绪末年（1908年）先后用了80年的时间，可分为三个阶段。

第一阶段，从道光八年到道光三十年，用时22年。地商甄玉、魏羊二人从嘉庆年间开始，就因在缠金地就河引灌而获利。道光八年，他们向当地王爷租赁承包土地得允，就招募工人开挖渠道。鉴于众多商人引灌而使刚目河水量不足的实际，他们在刚目河西边的黄河湾子上另开了一个引水口和一段输水渠道，开挖15里后再与刚目渠相接。缠金渠是清末以来河套平原上开挖最早的一条干渠。道光、咸丰年间，缠金渠经续挖修浚，成为河套各干渠之冠。此外，道光年间平鲁人杨凤珠初创杨家河，此渠后在民国年间由杨米仓、杨满仓及其后代重开续挖经营。

第二阶段，道光三十年（1850年）至同治末年（1874年），用时24年。道光年间，清朝从"康乾盛世"的顶峰跌落下来，由盛转衰，江河日下。道光皇帝被迫对一些政策做了调整，如修改康熙禁令，准许开放河套境内的缠金地，招商垦种。与此同时，由于水旱之灾频发，冀、晋、陕等一带人民无以为生，纷纷进套，为河套水利开发提供了充足的劳动力。道光三十年，黄河在河套东部决口，自流成河，后人称之为"塔布河"。地商利用此自流河道引水灌田，受益匪浅。在地商的影响下，进套开垦种田的人越来越多。与此同时，清政府废除了"禁止携带眷属出关"的法令，"走西口"进河套的人口不断增加。由于耕田面积的扩大，用水量也不断增加，开渠引水成了农业发展中的突出问题。道光三十年，河套灌区的自然渠系也发生了变化，原为黄河主流的北河断流，南、北两河合并。这一变化对开发河套水利创造了新的有利条件。它既使河套平原上的若干沼泽地逐渐疏干，便于耕作，又为利用河套地形，开挖渠道创造了条件。一些大商人趁此时机，投资或集资兴修水利。河套地区商地结合，地商经济由此走向兴旺发达。其间，万德源号张振达在河套东部开挖短辫子壕渠，即后来的通济渠。同治十一年（1872年），商人侯毛骡、郑和等人开挖长胜渠，即后来的长济渠。咸丰年间，贺清创开，后由李振海、李增荣、田全贵、赵绅海修浚，王同春续挖经营的刚济渠。同治年间，甘肃人贺守明创开，后由王同春、韩钺、崔懂事合资重开丰济渠。同治年间，四川人郭大义、郭敏修父子开挖，由郭家、史老虎、李达元、万泰公合资，王同春主持续挖的通

引黄灌溉

济渠。同治年间,侯毛骡、郑和开挖,后由侯应奎请王同春勘察续挖的长济渠。同治年间,府谷人杨廷栋创开,后由天主堂教会重开,民国邓司铎续挖修浚的黄土亥拉渠,即黄济渠。

第三阶段,光绪初年(1875年)到光绪末年(1908年),用时34年。地商愈多,开渠愈速。河套地商最多时达到200余家。这些人集巨资开渠,展开水利开发竞争。除将早年创开的各大干渠修浚续挖外,光绪初年,樊三喜、夏明堂、高和娃和吉尔吉庆合股开挖了塔布和渠等新渠。王同春则后来居上,主持开挖义和渠、沙河渠等五大干渠,将地商水利推向高峰。至此,道光以来以地商为首开挖的大小干渠多达40道。这些渠道以后又经过多次转手,渠道本身也经过多次淤澄、废弃和调整修挖,最后形成光绪末年的十大干渠:即永济渠、杨家河、通济渠、长济渠、刚济渠、丰济渠、黄济渠、塔布河渠、义和渠和沙和渠。以地商为引领创开的河套十大干渠,是河套地区引黄灌溉水利工程的骨干,造福当时,泽被后世。直到现在,河套灌区的渠道网络还有赖于那时奠定的基础。

地商水利作为一种特定历史时期的经济现象,其理论意义与实践意义都值得后人研究。河套地商的经营方式一般是先向蒙旗王爷承租包地,然后投资挖渠开荒。开荒过程中,或者自立公中、牛犋,雇人劳动,直接经营,或者将大片土地转包给别的农户垦种,地商坐收其利。渠成则向用水地户收取水费。地、水两收后,再向蒙旗王爷交付地租。如此循环往复,地商坐地自肥,包租面积不断扩大。《五原厅志略》上说:地商"定价招佃,每岁于春苗出土时派人丈量,视苗稼之优劣定折扣之等差。秋获后,佃户纳租于地商,每顷二三十两不等,是谓'放租';又有佃户出资耕种,地商三分其岁所入之粮者,谓之'伴种'"。

河套地商的获利途径:一是廉价承包蒙旗土地,待获得暴利后再向蒙旗王爷缴纳地租;二是开渠时雇用外来的廉价劳动力,付给很低的工资或只管饭没工钱,所付工资又常用生活生产资料抵偿;三是利用黄河水的天然资源与河套平原西高东低的有利地势,旱涝保收,坐地自肥。从资源配置的角度看,在水资源、土地资源、劳动力和资金四项中,只有资金一项是地商付出的,其余三项都是就地获取的,或廉价购买,或无偿使用。

王同春是地商中的杰出代表,是近代河套的主要开发者。此人天资聪颖,尤在水利方面禀赋极高。他以浓厚之兴趣、百倍之勇气、艰苦之劳动、超人之毅力、非凡之悟性、急公好义之精神,在河套从事开渠拓荒之事业六十余载,创造了人生乃至社会业绩均达到世界级别的奇迹。在创业的过程中,他反复考察黄河水性,日夜勘测河套地势,苦心积累开渠经验,蓄意谋求生财之道,仰观俯察,殚精竭虑,宵旰靡宁,废寝忘食。每到思之再三而豁然开朗,上下通明之时,他都欣喜若狂,欢呼雀跃,往往不能自已。在其鼎盛时期,独自拥有干渠5道、支渠270多条、土地300多万亩,经营着河套最大的商业贸易中心——隆兴长,设立公中20多处、牛犋70多个,年收入粮食20多万斤、银20多万元,雇用长工上万人,饲养牛羊驼马无数。王同春的巨大家业是当时八种经济要素有机结合的结果,除水源、土地、劳动力、资金、技术五大要素外,他还十分注重发展贸易,营建了后套最大的商业贸易中心——隆兴长。商业的发展使其经营的农业产品实现了增值,也为农田水利事业的进一步发展注入了新的活力。此外,地商在渠地管理中创造性地实行了股份制,既整合了资源,垄断了水源,还形成了相互监督、合作共赢的机制。

《临河县志》记载了地商开挖

永济渠时的情形:"道咸之际,有地商四十八家公共经理,今之公中庙,即昔年地商醵资建立公共议事场所,规模亦壮阔哉。当时各地商包租蒙旗外垦地连阡接垄,用水均仰给于该渠,渠道平时岁修及临时要工,地商等按厘出资,通力合作,俨然有同利共害之团体。"地商大多有自己的武装力量——把式匠,用以保卫各自的既得利益或霸地争渠,参与械斗,这也使地商经济蒙上了一层强权政治色彩。以上八大因素的整合,使王同春在群雄角逐中脱颖而出,在蒙汉人民中享有很高的威望,一度成为掌握生杀大权的人物。

地商经济是河套经济史上辉煌的一页,无论从水利开发本身来看,还是从其对经济发展的影响来看,都是一个称得上世界级别的奇迹,它对河套特别是后套的经济发展产生了深远的影响。主要表现为:一促进了生产要素的结合,二提高了资源利用效率,三产生了一批财力雄厚的地商,四达到了河套农业文明的高峰。地商经济对河套地区的社会发展也产生了积极的影响——促进了多民族文化的融合。地商兴起之初,河套地区尚无专管汉人的行政设置,如此大规模的经济开发基本上是在自发的状态下形成的,这是地商这一群体对河套发展的巨大贡献。特别是清朝末年,朝廷腐败,经济萧条,人民流离失所、无以为生,而河套一地却出现了生产发展、经济兴盛的繁荣局面。民谣所唱的"黄河北,阴山南,八百里河套米粮川,水渠纵横密如网,阡陌交通赛江南",正是那时河套经济社会发展的真实写照。在这种情况之下,内地人民奔走相告,慕名而来,河套成为他们谋生活命的理想之地。河套水利挽救了数以万计灾民的生命,客观上促进了河套地区人口的增长。

地商悄然兴起于民间,生生不息于河套膏腴殖壤之地,经历了乾隆、嘉庆、道光、咸丰、同治、光绪六朝。这期间名不见经传,称未闻官府,安然持续一百余年并渐呈方兴未艾之势。然而当其正式出现于清廷公文之中时,却意味着末日的来临。清末,钦差大臣贻谷在呈给清帝的奏折上对地商水利横加指责,说河套土地"授柄地商,地商包揽假手地户",向来私垦私放而不行官垦,因而形成种种弊端。清政府采纳贻谷的建议,将河套已经开发的渠道田地全部收归国有,由政府组建的垦务专管机构实行放垦,收取所谓"押荒银"以缓解朝廷财政困难,盛极一时的河套地商水利,自此走向消亡。

缠金渠

缠金渠流淌在河套平原的怀抱里，西南至东北走向横贯临河全境。每当春夏季节，缠金渠水借着西高东低的地势流淌着，顺渠而望，犹如一条金色飘带舞动于翠绿的莽原之上。散发着土腥味的洪水，通过一个个支渠的渠口，急切而迅捷地淌入干涸的农田。

缠金渠在河套水利开发过程中诞生，已有近两百年的历史。缠金渠最早因缠金地而得名。缠金渠灌域的农牧业生产具有悠久的历史，是人类农业文明的发祥地之一。秦汉以来，经过历代劳动人民的开发，这一地区逐步成为闻名遐迩的产粮区。明清之际，世人称之为"缠金地"。民间相传，有人曾在此地掘地取水，待井掘到三尺深时，却见一只斗大的蟾从井口跳出。那巨蟾通体金碧，双目迸放金光，发出洪钟般的鼓噪之声，而后一跃窜到芦苇丛中。片刻之后，那井口便喷出了清亮的泉水，成为一眼汩汩流淌、取之不尽的甘泉。农人用此泉水溉田，竟连年获得丰收。周围的人听到这个消息后，纷纷聚集到此地从事垦殖，此地也因此出了名。后人从此民间传说中凝练出"金蟾出世，碧水不竭"之意，遂将此地命名为"蟾金地"。此后又将"蟾金"引申为"缠金"，引申意为"金碧缠绕，长流不息"。随着河套的大规模开发，"缠金地"的富庶誉满大河上下。

光绪三十年间，钦差大臣贻谷督办河套垦务，将缠金渠辟宽挖深，经二喜渡口、公中庙、景太续、崇发公等处到乌加河，全长150余里，改名"永济渠"。又由二喜渡口向西开出一条西大渠，长45里；又向东开东退水渠，确保了水流畅通。从此缠金渠成为后套各干渠之冠。

改革开放以来，缠金渠获得新生。灌域内的老渠得以修浚，短渠得以续挖，渠网结构更加完善，层级更加细化，干渠、分干渠、支渠、斗渠、农渠、毛渠六级渠系形成网络。灌域由永济干渠、合济分干渠、南边分干渠、北边分干渠、永刚分干渠、永兰分干渠、新华分干渠、西东分干渠、正稍分干渠、大退水分干渠以及四排干沟、五排干沟组成。灌域东到丰济渠，西到黄济渠，南北长60千米，东西宽40千米，总土地面积2520平方千米。灌排区域除临河区各乡镇外，临河农场、狼山农场、份子地农场、五原县和乌拉特中旗部分土地也受益。

黄河水是河套的命脉，水资源是河套最富有也是最珍贵的资源，河套人民对水的感情至深，引水用水都要三思而后行。随着市场经济观念的深入人心,"水是商品"成为人们的共识。灌溉管理部门按照可持续发展的水利开发建设理念,对水的使用管理更加精细,引黄灌溉逐步走上集约化的道路。充分发挥黄河枢纽工程的作用,统筹工农牧各业的用水,科学处理上下游用水的关系,在水的调节技术上不断改进,精益求精。根据黄河水情及灌户用水情况,按土地灌溉面积作为分水依据,按比例将水分配至各灌域。永济管理局下设9个灌水管理所,每个管理所按节制闸分设管理段,所内设水调值班室,有专人传达管理局和管理段用电话下达的调水指令。管理局给管理所分配各阶段用水指标,并拟定供水、配水制度和实施细则以及当年放水、关口日期。每一灌水阶段都要求各渠道做到"三定":定灌溉面积,定水量,定灌水时间。全力做到趋利避害,节约能源。人们在实践中不断总结,对水的运用更加科学化。

近年来,缠金渠渠道衬砌工程开始启动。用水泥方砖衬砌而成的新渠道笔直整齐,水流畅旺,一日千里。人们以水为轴,开发出多处旅游观光风景区。永济闸游园绿树成荫,环境优美,成为假日休闲的好去处;新世纪乐园集自然与人文景观于一体,置身其间恍入仙境。缠金渠变得更加引人入胜,美不胜收,成为河套平原上一条亮丽而多彩的文化长廊。

黄土拉亥渠

黄土拉亥渠原是临河西部南北河之间的一条天然支流,后经修挖,成为河套八大干渠之一。黄土拉亥渠因过去旧渠岸边有一座黄土脑包而得名。

同治十二年(1873年),陕西府谷人杨廷栋因其先人曾在蛮会、大发公一带做生意,租得黄土拉亥河下游达拉特旗的部分土地,就河引灌。后与辖治该渠上游的杭锦旗领主协商,议定疏浚干渠增加引水,但遭到天主堂的阻拦,未果。1918年,比利时籍神甫集资修挖河道,开挖支渠与退水渠,1922年竣工。1927年,临河设治局局长吕咸乘国民革命之势,将黄土拉亥河及其渠地收回。截至1932年,全渠长70余千米,均宽20米,拥有支渠95道,灌溉面积15万亩(后增至30万亩),灌域出现"村落云集,支渠纵横"的繁荣景象。

1943年,傅作义将军整修河套水利,命第八战区官兵开挖10千米新渠段,渠口与杨家河相接,实行多口引水。接口处建草闸一座,干渠更名为"黄济渠"。草闸经吸取各方经验后设计而成,又在实践中定型。草闸的闸底部分均用埽辊（即埽棒）组成，顺水方向排列。埽辊直径1.5米，长约10米，两辊端顺水流方向搭接。在接头处压以粗木料，木料两端伸入闸墙，用闸墙压实固定。两接头横木间加添加劲横木，形成埽辊闸底。闸底为天然土基，未做处理。草闸的闸墙及上下游翼墙均用埽工修筑。施工方法是将埽绳平铺，埽绳上压以土料及埽料，

黄河湿地

每层约高1米,再将埽绳绕回,继续铺设第二层,直至墙顶。在闸口顶端及底部均设有专门横木,以供关闸之用。埽料以当地黄河滩野生植物红柳及白茨为主。抗日战争胜利后,绥远省水利局提出整修后套渠道方案,决定修建黄杨闸工程,将黄济渠、杨家河、乌拉河三大渠口连接起来,实施"一闸三口"引水枢纽工程。全闸的总体设计包括:1个引水干渠、3个灌溉渠的分水节制闸和1个泄水闸。黄济渠闸分水流量为75立方米/秒,直冲引水干渠,闸分三孔。左边设一个扩大孔以为过往黄河木船之用。黄济渠闸与左边的杨家河闸连接,杨家河闸过水流量为50立方米/秒,闸分两孔。杨家河再左为乌拉河闸。乌拉河闸过水流量为15立方米/秒,闸为一孔,闸位在引水干渠渠岸。因这个闸是背流引水,容易进沙,特将闸底板抬高20厘米。右岸设泄水闸与黄济渠闸连接,闸分四孔,不设胸墙以利泄流。闸下开泄水渠一道,长3千米,直通黄河。全闸为混凝土建筑,闸墩和翼墙基础都加打木桩,闸上、下海漫各打木板桩一道。除过船孔为扇形木质闸门外,其他各孔全部为立式钢板闸门,闸门和闸门启闭机统为塘沽造船厂制造、安装。总体工程于1950年春筹备施工,于1952年全部建成放水。

此后,黄济渠又经过多次修整,最终形成横贯临河西部地区的大干渠。干渠全长68千米,灌溉面积百万亩,其中临河境内灌溉30万亩。

刚目渠

刚目渠,后改名"刚济渠",自临河城北郊引永济渠水东流。

咸丰年间,地商贺清等人集资开挖刚目渠。后屡经整修,至清末已初具规模,成为河套十大干渠之一。刚济渠从黄河黄家湾渡口直接开口,经沙登后分为两支,一支入乌泥古庆,另一支流入达赖淖尔。其中部有支渠两道,一道称"永刚渠",另一道称"新永刚渠",分别从永济渠县城西北渠口引水,向东南注入刚济渠。

民国时期,刚济渠口久堙,只永刚渠和新永刚渠尚可进水,但浇地无几。遂将刚济渠并入永济渠,作为支渠,仍由永刚渠从永济渠引水,下接旧刚济渠下游故道。此后,正式改称"永刚渠"。据《调查河套报告书》载:"刚目渠口在缠金渠口下六十里,其梢至祥泰魁而止,不入乌加河。计长七十里,在八大干渠中为最短。溉达旗永租地二百五十五顷。"

第六个五年规划期间,水利部门对永刚渠进行了整修改建。永刚渠起于城关乡永济渠二闸,经临河旧制八一、隆胜二乡,止于乌兰图克乡,总长46.8千米(包括主干和西梢)。总控制面积29.64万亩,规划面积23.71万亩,有效面积19.6万亩。规划设计流量22.1立方米/秒,渠首底宽14.5米,纵坡1/9000,实际最大流量21.25立方米/秒,正常流量16.84立方米/秒。全渠配有节制闸12座、桥31座、支渠口闸4座、直斗口闸27座。

进入21世纪以来,刚目渠纳入临河城区建设规划,渠口以下至胜利路渠段设定目标为市民休闲旅游园区。经过十多年的经营改造,渠道衬砌一期工程已经完成,渠道两畔栽植了大量树木。稠密的杨柳树形成一道长长的树阵,远望似一道绿色的屏障,风起之时,林海涛声阵阵。渠南大片天然红柳长势旺盛,郁郁葱葱,春天翠叶娇柔,夏日柳花妖艳,秋天枝干火红,冬天朦胧如烟。

干渠南侧的北郊公园目前已经初具规模,栽植了大量奇花异草,花团锦簇,美不胜收。经过规划整修,公园内道路四通八达,渠道纵横,水流潺潺。徜徉其间,百鸟鸣唱,草虫低吟,蛙鼓阵阵。黄昏时分,落日余晖映照水面,水天一色,令人流连忘返。树影倒映水中,随着水波浮动,影影绰绰,如诗如画。

巴彦淖尔市委、市政府就刚目渠景区的建设做了专题规划,从2016年开始,刚目渠第二轮改造项目启动,相信在不久的将来,刚目渠会在临河人民的建设下变得更加美好。

挖渠不止杨家汉

在河套水利开发史上，杨氏一门"父子相代"开挖干渠的事迹被各方传为佳话。

杨家原是山西省河曲县城关镇人。光绪年间，河曲一带久旱不收，百姓生活十分困苦。在此情况下，杨谦、杨万兄弟背井离乡，过杀虎口进套谋生。起初，杨家兄弟同许多到口外谋生的人一样，春来冬归，做"跑青牛犋"，给五原地商王同春打工，媳妇和娃娃则留在家乡以做豆腐为业，在贫困中艰难度日。

杨谦、杨万各生一子，分别叫杨满仓、杨米仓。光绪初年，杨谦、杨万携子满仓、米仓及家眷，从山西省河曲县迁来后套，在五原县白家地住下，仍以给地商打工为生计，这期间主要给地商王同春出卖苦力。不久，杨满仓与杨米仓都做了工头，代王同春管理牛犋。杨满仓的儿子杨茂林和杨米仓的儿子杨春林则在王同春的买卖行"同兴号"做学徒，杨满仓的二子杨文林在外面跑买卖。到了民国初年，杨茂林、杨春林已成为同兴号内务和外交的主管人，深得王同春信任。与此同时，王同春通过包租蒙地，在五原、安北一带拥有上千顷土地，分设了几十个牛犋。王家创造了巨大的家业，但同时也出现了管理上的困难，即便是雇人管理和耕种也难免有顾此失彼的时候。王同春见杨家在经营管理方面一向十分用心，多年为自己效劳，便决定将一段土地转让给杨家父子经营，并向杨家承诺：在包租中，如有经济困难和干扰阻挠事件发生，自己将尽全力予以支持和解决。适逢杨家此时的经济状况已今非昔比，杨家父子又对河套地方的土地经营管理积累了丰富的经验，他们认为这是发家致富的天赐良机，便欣然接受。

1915年，杨茂林、杨春林辞去同兴号管事职位，回到份子地家中，与杭锦旗负责东官府及天主堂的神甫邓德超、费大德联系，商定在包租地范围内开渠引水事宜。经过一年多的周旋，三方终于达成开挖渠道的协议。协议规定：每顷地年收水租24银圆，由教堂和杨家"三七"分，即教堂获水租收入的三成。当年，满仓、米仓兄弟开始勘察地形，选择渠路，绘制渠道草图。杨家兄弟凭借在王同春牛犋上多年积累的挖渠经验，很快将开渠方案绘制出来，又拿去请王同春指点。王同春看后十分赞成，遂按原设计方案确定了渠道的施工规划。

1916年，杨家渠破土动工。此

时，杨家家底并不厚实，仅有积谷一万余石，作为工人的口粮和工资，还需置办箩头、担杖、铁锹等工具，资金上不免捉襟见肘。但当时正值军阀混战、民不聊生之际，有不少人逃荒避难来到后套，杨家就趁机雇用了一些河南、河北、山西河曲、偏关、陕西府谷、神木、保德等外地人挖渠。渠工每30人编成一组，共编成40多组。正在这时，杨满仓突患重病，导致半身不遂，杨家便推杨春林为工程负责人，兼管对外事务。杨家的亲信贾八宝头儿任助理，杨文林、杨鹤林等人负责监工，杨茂林负责渠工的生活安排和日常经费开支等内务。当年，杨家河从磴口县渡口堂附近的毛脑海开口处挖到临河境内的乌兰淖尔，渠口宽60尺，深9尺，首段开挖40余里。

动工第二年，因经费困难挖渠难以为继，杨春林、杨茂林兄弟便以三道桥的200余顷土地做抵押，向磴口天主堂的邓德超神甫借得银圆10000余元。与此同时，又向当地大户武三、郝成、傅蛇来、刘商保、老郝二等借得一批牛、马、骆驼、羊等牲畜和一些布、茶、水烟、糖等货物，又通过王同春向圣家营子、黄羊木头、蛮会、新堂、陕坝等天主教堂借得部分资金，继续雇人开挖杨家河。已经开挖的渠段当年便灌田受益，共浇地600余顷。土地封冻之时，渠道挖到中官堂。杨家为了筹措工程经费，采取了预交地和水租押金的办法，即按土地优劣之分，每顷地预交地租押金60到500银圆不等，预交水费10银圆。一年之内，杨家便收取预交押金5000余银圆。杨家又从包头、河曲、银川等地购进水烟、茶、糖、毛巾、鞋、布匹等货物，办起杂货店，以高于市场价两倍、三倍的价格向渠工挂账销售，如此便将付给渠工的部分劳动报酬又赚了回来。

1918年，杨家从份子地迁居二道桥，一面将受益田出租耕种，预收佃户的定金，一面继续招工挖渠。当渠道挖到哈拉沟时，杨家将干渠临时挖入大沙沟，利用大沙沟沟深水急的自然冲击力，以水代工造成干渠续段，获得了利用"川"字形水冲法开渠的成功经验。当年，开挖黄羊木头支渠和子渠16道，灌溉了黄羊木头及召滩一带的土地。

1919年，干渠挖到二道桥。这一年，由于支出庞大导致经费紧张，杨家就以拖欠渠工工资的方式来缓解经费压力。临近年关，渠工们由于全靠挖渠赚的工钱养家糊口，拿不到工钱便回不了家，只好日复一日地等待。杨春林唯恐渠工闹事，传出话说自己突然卧床不起、恶疾缠身，派人四处寻医治病。紧接着，杨家放出风说杨春林已"死"。杨家里里外外乱作一团，搭起了灵棚，将棺材安放在灵棚内，灵前摆满了祭品，晚辈们披麻戴孝，放声大哭。渠工们眼见杨家"死"了人，十分同情，原本结账领钱的诉求也不好张口。此时，杨家人哭丧着脸对渠工们说："当家人已'死'，眼下经济困难，待到来年开工时，一定先付所欠工钱。"渠工们见此情形也只好空着手回家或投亲靠友去了。待渠工们离散之后，已经"死"了的杨春林才又出来筹措经费，计划来年复工事宜。

1921年，杨家挖成陕坝支渠及子渠23道，灌溉了二道桥东侧和刹台庙一带的土地。这年，河套发生严重鼠灾，粮食歉收，干渠工程又被迫停止。杨家继续开挖支渠和子渠，以扩大灌溉面积，增加收入，缓解资金压力。用了两年的时间，先后挖通支渠、子渠共41道。

1922年，杨米仓病故，时年64岁。不久，杨满仓亦随之逝世，时年53岁。杨茂林继承父辈事业，继续开工挖渠。到1925年，干渠挖到三道桥，并将在大沙沟梢部开挖的蛮会支渠接入乌拉河。

1926年，杨茂林病故，杨春林和杨文林继续主持挖渠工程。这年，杨家河接入乌加河，全渠挖成。杨家河全长130余里，挖土方30余万方。1930年，针对杨家河梢部地形偏高，水流不畅的情况，又将三淖支渠接入乌加河，全渠工程最后完工。从1916年到1930年，杨家总共挖干渠和主要支渠长约330里，共挖土方110多万方。

杨家河渠系计有支渠67道、子渠355条。其中，杨家河开挖支渠10道、子渠29条。长约60～70里的支渠有黄羊木头渠、乌兰淖支渠、老谢支渠和三淖支渠，长约20～60里的支渠有中官支渠和陕坝支渠。此外，头道桥、二道桥、三道桥等处共修建了大桥5座。桥上可以通车，桥下可以过船。

1930年，杨春林病亡，杨文林和杨泽林继承父兄遗愿，继续经营渠务。1936年，杨文林去世。杨家致富后，举家吸食大烟，终致家道衰落。但杨家开挖的渠道却是对河套开发的一大贡献。后人将杨家几代人相继挖成的大干渠称为"杨家河"，以纪念他们对河套水利做出的贡献。

拨兵屯田浚百川

"九一八事变"后，日本侵略者继续向华北、西北地区进行扩张侵略，企图进而占领全中国。国难当头，太原绥靖公署主任阎锡山为积蓄力量抗击日寇,提出"屯垦西北,造产救国"的口号。阎锡山看到河套地方土地肥沃、地处边远,便想把河套地区作为自己扩充实力、就虚避实的后方基地。他与绥远省政府主席傅作义,陆军第70师师长王靖国、第72师师长李舒民等人商定成立了"绥远省垦务委员会",制定了《绥区屯垦计划纲要》。并从傅作义、王靖国、李舒民各部拨出部分兵力,又向省政府各机关、单位抽调有关技术人员,组建了若干支屯垦队。

1932年,各屯垦队以"剿匪"和"屯垦实边"的名义,开进了划定的垦区。鉴于水利的重要性,各屯垦队进套后,首先着手制定水利建设工程规划,随后开工挖渠。

到1935年,屯垦队历经四年时间,新挖和清淤较大的干支渠共30余道,渠身总长度达410余里,总投资金额达73700余银圆。其中,新挖干支渠13道。在五原县和安北县境内的有:川惠渠、华惠渠、柯惠渠、威远渠、摇头娃渠五道。在临河县境内的有:百川渠、义惠渠、寿轩渠、光惠渠、诗惠渠、清惠渠、润惠渠七道。在包头的东大社新挖了安惠渠。这13道干支渠,长的60余里,短的10余里。渠名均以军官的名号命名,其下加"惠"字者,意为某军官示惠于民之渠。各屯垦队共清淤较大的干支渠23道。此外,还开挖了子渠100余道,修筑干支渠口的较大闸箱20余座,建筑大桥10余座。至于小型水利工程,各垦区连队视生产需要,年年都有施工。由于大力兴修水利工程,河套水利灌溉效益得到明显提高。

各垦区所修的灌溉渠道,较小的由各屯垦队自行管理。至于渠道较少的垦区,则另设专人管理。1936年,五原屯垦办事处组织水文测量组,汇集了西至乌拉河、东到乌梁素海、北迄乌加河、南达黄河的整个河套地区的各大河渠的水文资料。但这些水文资料当时因测量组事物繁多没来得及整编出来。时至1937年日寇侵占包头,五原屯垦办事处宣布人员停薪留职就地解散,这些珍贵的资料也因无人保管而零散遗失。

屯垦军进套挖渠开地,兴修水利,对河套地区的水利建设和农业发展起到了促进作用,但由于他们从事的是掠夺性经营生产,唯利是图,不顾地力与生态的恢复,又曾一度引进大烟种植,给地方经济与人民生活带来很大的负面影响,加重了当地农民的负担。在河套民间流传着一句话:"受苦的穷,不受苦的富,屯垦的官兵是大肚。"特别是随着屯垦军进套,赌博、嫖娼、吸毒之风盛行,扰乱了地方秩序,败坏了社会风气。

抗日战争开始后,傅作义率部从山西、陕西转入河套,原绥远省政府也从榆林迁至陕坝。傅作义将军指挥的抗击日寇的包头、绥西、五原三大战役取得胜利后,河套地区获得休养生息之机。

当时的河套属于抗战前线,派系复杂,政出多门。自从傅作义受命执掌军政大权后,一方面统一政令,巩固政权,推行新县制;另一方面为了安定民心、发展生产、解决军需民食和减轻农民负担,责令驻地部队协助地方发展灌溉事业,广种地、多打粮,积极改善军队和民众的关系。为了解决军粮供应和当地百姓的生计问题,第八战区长官部成立了"土地整理委员会",发展地方经济,恢复农业生产。土地整理委员会推行了一系列措施:停止土地放垦,已放垦但未交地价的土地一律收回;对所有领垦地一律进行丈量,凡包租蒙古王爷的土地,承租权由土地整理委员会接收,不再向地商交付租银;领垦户和地商在已收回的土地上建有牛犋的,也一律收回,其房舍及其他生产资料作价收回;耕种土地的佃农,由土地整理委员会发给财政部印制的部照,依照耕种,不得买卖转让,也不得作为抵押向外借贷。

在此基础上,绥远省政府成立了水利局,大兴农田水利。当时河套地区水利的主要问题是:进水口无闸,进水量无法控制;黄河泥沙含量大,泥沙沉积,渠道堵塞;退水渠淤塞,退水不畅。针对这些问题,傅作义将军提出"民养军,军助民,发展生产"的号召。他一方面组织部队屯垦,自己动手生产粮食;另一方面动员驻后套的第35军、暂3军、暂4军,共计十万大军支援地方兴修水利。

1941年春,当地群众请求驻军帮助挖渠。第17师派出士兵3000多人,经过一个月的奋斗,完成由三淖河口至刹台庙,全长约10千米的渠道。此渠挖成后,平理乡一带可以直接从杨家河引水,不仅保证原有30000余亩耕地的灌溉,而且经过逐年发展,可灌溉面积已达50000多亩,年产粮约计80万斤。当时管理这一带渠道的经理说:"兵工给我们挖渠是好机会、有缘分,此渠就叫'机缘渠'吧。"除机缘渠外,兵工挖渠的事例还有很多,机缘渠只是当时较突出的一例。1945年春,河套地区的渠道口宽5丈以上的干渠,长度计计1700里;宽1丈以上的支渠超过10000里。河套地区重现渠道纵横、渠水遍流的繁荣景象。

傅作义将军主政河套期间，为了使传统农业技术得以改造升级，在河套成立了绥远省农业改进所，专门从事科学种田技术的研究。

光绪年间，一个叫田喜亭的人跟随督办垦务大臣贻谷来到绥远，主管放垦事宜。此人与五原厅垦务局互相勾结，假公济私，利用放垦之机抢购世成西附近的土地，获得土地60余顷，将南至建设乡胜利村二社，北至白脑包镇联丰村三社，东至建设乡前进村二社，西至黄济渠的大片土地连在一起，成立"世成西"庄园负责经营。其后，田喜亭又在今临河区隆胜镇购买土地25顷，在今杭锦后旗团结镇购买土地30顷，分别命名为"协力堂""协力久"，仍以"世成西"为总柜，命人管理。三处公中每年收获粮食3000石，承包出去的部分土地每年可收租粮45万斤。日本盘踞五原期间，田喜亭做了"维持公"会长，傅作义收复五原后，将汉奸田喜亭逮捕法办，世成西庄园也被没收充公。

世成西筑有城堡，四面有高大的围墙，内有三栋平房。傅作义利用这个庄园建立了绥远省农业改进所（简称"改进所"）。改进所正式成立于1940年，由农林处专员张立范任所长。下设农业组、林业组、畜牧组和会计室。所内设有技正一职，掌管农业技术改良。改进所将世成西的600亩土地作为试验和生产用地，下设奋斗农场，经营种植业；在永安堡设立畜牧场引进牛、羊、兔良种，进行繁殖。林业上设立了4个苗圃，分别在临河、五原（2个）、安北，为黄河北岸护岸林提供树苗。

改进所积极进行农业研究和开

展实验，取得了一系列成果。在粮食作物的品种选育方面，选育出临河68号小麦优良品种，狼山462号、米仓155号糜子优良品种。这些品种在河套得到大面积的推广种植。在培育果树方面，设立了果园，引进杏、桃、海棠、李子、梨、苹果、葡萄等树种。在蔬菜作物方面引进番茄、西红柿等作物。当时，在陕坝北的大顺城设有中美合作训练所。美国人带来一些蔬菜瓜果的种子，也交给改进所试种。有状如核桃的樱桃萝卜，形似蔓菁的红色甜菜，还有一种名叫"地克森皇后"的花皮西瓜等。

1945年，绥西军政机关迁回归绥，改进所也随之迁走。世成西改为绥远省农林处下设的农事试验场。1949年绥远省和平解放后，世成西农事试验场改名为"绥远省立第一农事试验场"。

番茄大丰收

话说内蒙古 巴彦淖尔市

番茄收获现场

一首制水利枢纽

1961年3月中旬,黄河三盛公水利枢纽大河截流工程——一场人与水的殊死搏斗,在后套平原展开。渠工们面对的是500米宽的黄河水面。冻结了一冬的黄河刚刚开河,冰凌在水面浮动滑行。

3月18日,上游盐锅峡水闸蓄水的消息传来,黄河水流也渐趋平缓。指挥部下令抓住时机,迅速展开截流工程。渠工采用埽棒与草料相配合的办法,加速向中流进占。而土坝工程也紧跟着向前延伸,很快就把黄河水面由500米缩小到150米,从而为后续工程抢占了大片施工阵地。

4月上旬,上游蓄水结束,黄河水流加大,实测流量一下达到

供索引沉埽棒船之用。运载埽棒的船只慢慢地沿绳索进入定位船指引的地点,依次投放埽棒。如此循序渐进,平填龙口以达到目标高度。在龙口段河床渐渐升高加厚时,又有十多只埽棒船轮流进行压埽进占。河面上,船只穿梭往来,犹如条条蛟龙在闹海。

5月5日,指挥部下令拆除围堰,用大量炸药炸开引河水口,将黄河水放入引河,从而大大降低截流龙口的水量。5月13日,龙口水流明显放缓,合龙时机已到。指挥部研究决定,立即打响合龙战斗。渠工接到命令后,个个群情激昂,摩拳擦掌,以必胜的信心投入工程。合龙工程于下午6点准时开始。

合龙工程是从两岸同时向中流进占,两头各有指挥人员一名,渠工在统一指挥下紧张施工,一切井然有序。截流大坝快速延伸,龙口渐渐缩小,100多米的龙口渐渐缩小到50米,30米,20米……两岸的渠工眼看就要手拉手了。胜利在握,梦想成真就在眼前!但大伙儿都沉住气,神情严峻,施工的每一个细节都在一丝不苟地执行。

时间来到了23点01分,不知是谁突然喊了一声:"合龙了!"顿时,"合龙了!""大坝合龙了!""水患被制服了!"的欢呼

1350立方米/秒。而此时,尚在外地加工的截流闸门还没有到货,进占施工不得不停下来。指挥部临时决定在土坝前构筑柴草码头以加固堤坝,同时集中力量加厚堤坝。

埽棒平填龙口的场面十分壮观。在龙口上游60米的位置用铅丝笼稳住定位船,船上安装绞关,绞关的绳索约长100米,可以自由伸缩,

声连成一片,整个工地顷刻间成了沸腾的海洋。截流工程是黄河水利枢纽的关键一环,成败在此一举,而大坝合龙则是整个工程取得成功的最关键一步!

三盛公水利枢纽工程是新中国成立初期国家根治和开发黄河28项水利建设工程之一,是内蒙古自治区史无前例的大型水利工程,是在毛泽东主席"要把黄河的事情办好"的号召和鼓舞之下,河套人民亲手完成的一项伟大事业。三盛公水利枢纽的建成,标志着自治区各族人民在治理黄河的事业上迈出了雄健的一步。河套地区百万劳动人民"锁住黄龙、节制用水"的世代理想终于现实。

三盛公水利枢纽工程筹建之时,正值包兰铁路完工,三盛公铁路车站离枢纽工地很近。施工用料和设备大部分由国家统一调拨,主要来自北京、天津、上海等地。沙料则取自黄河南岸,因为这里沙料量大、品质好、沙源近,可用汽车直接装运。施工中砾石用量很大,是用木船从海勃湾运到工地的。在乌拉特前旗以东的乌拉山一带,建立了一个采石场,专门采制石料。拦河闸闸基开挖后,挖出了大量净沙,作为混凝土施工用料。

三盛公水利枢纽工程坐落在塞外名镇磴口县与杭锦旗交界的黄河干流上。整个工程宏伟壮观,气势磅礴。工程正中是一座具有民族特色的蒙古包形的中心展览楼,白顶、黄身、红底,底部镌刻着"三盛公水利枢纽工程"9个醒目的大字。展览楼两侧的建筑呈"八"字形。右侧为18个闸孔的拦河闸,上书毛泽东主席"要把黄河的事情办好"的题词,闸的上部为机架桥,有100多扇玻璃窗,高大明亮,与河水交相辉映,启闭机掣动着铁灰色的闸门;左侧为9个闸孔的进水闸,上书"水利是农业的命脉",进水闸顶部和拦河闸顶部齐平,设公路桥与两岸相通,路面宽阔,车来人往,连接着内蒙古、宁夏、甘肃三省区。站在枢纽工程上眺望,河水浩渺,黄河两岸大堤上绿树成荫,南岸有一片果林,每到秋季便果实累累。枢纽闸门开放,河水奔腾而下,激起千层浪花,发出巨大的轰鸣声。工程周围绿树成荫,平畴舒展,美丽壮观,吸引了许多中外游人。

三盛公水利枢纽截流工程的胜利完工,是广大人民群众智慧的结晶,是党的自力更生、艰苦奋斗方针的胜利,是党的民族政策结出的硕果。"黄河之水天上来,奔流到海不复回。"河套人民一首制引黄灌溉的千年梦想终于成为现实。

巧夺天工　治水奇观

HUASHUONEIMENGGUlinhequ

巴彦淖尔市　临河区

巧夺天工　治水奇观

QIAODUOTIANGONGZHISHUIQIGUAN

临河人世代居住在黄河边上，引黄灌溉是农业生产的必要举措。在与水共舞的千年历程中，临河人不断积累治水经验，与黄河两岸各族群众同心协力，创造了一个又一个治水奇迹。

草木克水

河套灌区的草闸是一种独特的水工建筑，它在河套灌区开发的历史中曾起过重要的作用。在没有钢筋水泥的条件下，人们就地取材，用柴草做闸，不仅战胜了肆虐的洪水，而且保证了数百万亩土地的灌溉用水，这是人民群众在实践中的一项伟大创造。

河套灌区十大干渠工程是前后用了一百多年的时间逐步完成的。各干渠当时都是从黄河直接开口引水，平口承流，无进水闸控制水量。水小时苦于引水不足，水大时则漫溢成灾。彼时凡引水灌溉多采用打土坝挡水或堵口的办法。堵口合龙时，在两岸用柴草压码头，最后用柴土填死。当时为了分水浇地，打坝放坝非常频繁，一渠数坝，每坝每年打放三到五次，每次用柴草几万斤，动用上百人工。

1932年，技术人员先在临河永济干渠二喜渡口处试建了第一座草闸，为新开挖的两道支渠分水。这座草闸非常粗糙，先做草码头闸箱，再用小埽棒护底，因断面缩窄，所以能拥起一定高度的水头。经过一年多的使用，人们发现草闸的作用

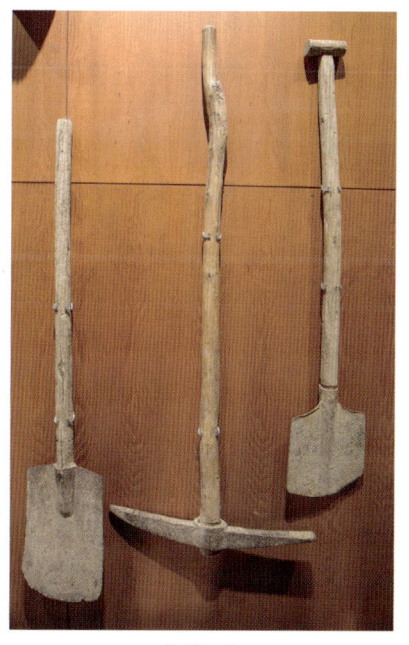

挖渠工具

强于打土坝，草闸遂逐渐为广大水利人员和人民群众所接受。

1933年，屯垦队在乌加河北刘蛇圪旦新建了一道乌拉壕拦水大坝。大坝中间连接以筑有草码头的固定过水断面，可以算作是初级阶段的草闸。第三年，屯垦队在杨家河上游修建屯垦草闸，为新开挖的清惠渠节制分水。此闸先用埽棒铺底，后做闸箱，初步解决了闸底板的处理问题。至1937年，临河地区共建成草闸10座，其中杨家河4座、永济渠2座、黄济渠3座、丰济渠1座。

1943年，进驻河套的傅作义部参加施工，新建草闸28座。同年，随着复兴渠的开挖，又在该渠新建4座大型草闸。复兴渠草闸是当时第二批草闸中的成功典范，起到初步定型和示范的作用。

此后，永济、杨家河、黄济、丰济等干渠相继修建草闸十几座，草闸逐步在河套普及。草闸有着特殊的作用：第一，控制洪水进渠，结束了自流口时代汛期渠道决口不断发生的历史。群众都说："渠口设闸，闸胜于坝。"第二，分水提水，提高灌溉效益。用于分水提水的草闸多建在干支渠中间，形成分水枢纽。例如永济渠二喜渡口的草闸和杨家河的屯垦草闸就是这种性质。原先干支渠分水都是临时在渠中打土坝，既费工、费时、费料，又很难保证田地得到灌溉，造成有渠无闸、有水难分的困境。自从在渠中改建草闸分水后，这些问题都得到了解决，灌溉效益大为提高。1934

老红柳

年，由于修建了黄杨束水草闸，使杨、黄、乌集中分水，杨家河、黄济渠、乌拉河三渠当年增加灌溉面积60多万亩。第三，用以关口，不流冬水，防止土壤盐碱化。以前，各干渠一律流冬水，结果抬高了灌区地下水位，导致土壤盐碱化。增修渠口新草闸后，在进水闸旁修泄水闸，渠水经泄水闸流入黄河，防止淤澄。

冲桩挂笆

黄河河套段的河道九曲十八弯，主流左右摆荡，水流方向变化无常，加之河套平原由黄河冲积而成，土质较为疏松，所以南北两岸的河堤常常受到大水的冲淘。在黄河上没有护岸设施的年代，有时一夜之间就能将几里宽的岸台淘进河里；在岸边居住的人家头天傍晚还好好的，第二天就连人带房不见了踪影。

岸台的防护关系着两岸人民生命财产的安全，也直接影响水利事业的兴衰。水利工作者在长期的治水实践中发明了"冲桩挂笆"之法，这种办法首先在总干渠的治理中取得了成功。总干渠于1960年开始引水，经过十多年的运行，到20世纪70年代，渠道冲刷问题愈加突出，岸台防护形势严峻。1974年，巴彦淖尔盟水利勘测设计队经过几次踏勘测量，提出《总干渠续建配套整治修正规划》。据测定，总干渠由渠首至四闸128千米段落内，渠道断面冲淘已有50余千米，超过规划设计断面，亟待采取治理措施。为此，设计队提出三种治理方案：块石夹土丁坝、铅丝笼块石丁坝、混凝土预制安装板丁坝。对以上方案，正在筹建中的总干渠管理局组织各闸管理所及局内有关技术人员进行了讨论，认为以上方案都成本过高，最后决定采用"冲桩挂笆透水丁坝"的方法，并开始设计。

1975年总干渠管理局正式成立，决定在总干渠32～36千米处，利用离心泵与自制水枪喷头进行冲桩试验。设计丁坝间距为50米或30米，不论正交、斜交两岸均对称，当年完成护坡2千米。1977年夏灌二水后进行检验，2千米丁坝间按设计淤出整齐的旱台边坡，达到缩窄断面的目的，设计和施工均取得成功。据此经验，1977年8月，管理局组织人员打造10米木船2只，自制手摇绞车1台、吊架1台，连同水泵及柴油机安装在大船上进行水上作业，当年又完成2千米整治任务。该方法获得内蒙古水利勘测设计院专家的一致好评，在实践中又做了一些改进，一直沿用至今。

冲桩挂笆护岸是人民群众在实践中的伟大创造，是具有河套特色的水利工程。

挖渠工具

拦河大坝

河套地区的渠道一度年久失修，导致黄河泛滥，渠道决口，几乎年年有灾。坐落于河套平原中部的临河县城曾数次被淹。

临河城原名"强家油房"，建于1925年，是一座四方土城，城内面积约2000余亩，当时城内居民仅2000余人。城墙夯土而成，高约2丈，宽约1丈。在人们修筑临河城墙的同时，为了提高防洪能力又建造了护城坝。护城坝高约7尺，宽约5尺，

遭受洪水的侵害,居民流离失所。

1932年2月间,塔尔湾段结冰坝,导致洪水出槽。临河城四周的河渠漫溢,永济渠的南端、永刚渠的闸箱东段同时决口。城内民众奔赴护城坝防洪,经过加高、加宽坝埝,终于将洪水堵在护城坝之外。但护城坝外围的百余间房屋全部倒塌,灾民被洪水逼进城。几天后水势减退,洪水终未突破护城坝,城里居民免遭一次水灾。

1935年7月,永济渠城西的骆驼脖子决口,水势汹涌直灌南护城坝。坝外水深5尺,坝堤由于浸水线高,土壤含水量达到饱和状态,拒水能力大为削减。不知何时,坝内地面上冒出一股水,水柱越来越大,坝埝倒塌一丈多宽。顿时激流奔腾,水头直冲城下。城墙四门堵闭,居民困守城内,全城震动。夜晚,城内居民打灯笼、举火把,来往巡视水情。一个月后,河水水位下降,居民奋力将永济渠口堵住,城池幸免一难。

1943年秋天,黄河水位暴涨,塔尔湾段因浇地水口被洪峰冲大成灾,河堤决开一丈多宽的口子。洪流涌进魏羊渠、强家渠、代兴堂渠,倾泻而下,威胁临河城。永济、永刚两渠也水满溢出。危急关头,驻守临河的安春山师长奉第八战区副

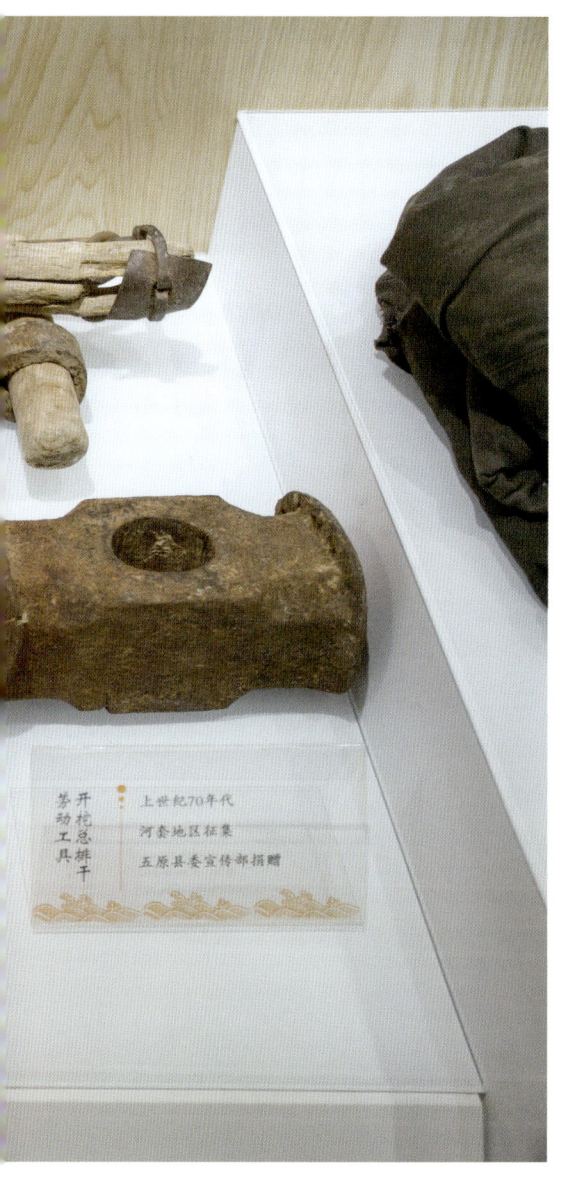

开挖总排干劳动工具

上世纪70年代
河套地区征集
五原县委宣传部捐赠

呈长方形。临河城位于黄河北20里处,四面环渠。城南是黄河,城北是永刚渠,城西是缠金渠,城东有强家渠、代兴堂渠、德成渠、天德渠。四周渠道全系无坝引水,一年四季流水不断。临河城地势低洼,常常

司令长官部之命，指挥军政人员及乡保甲长上堤防洪，督促民工运送柴草，而且自带锹、筲头连夜上堤，全力紧束永济渠口。与此同时，城内男女老少自带工具一同守卫在城四周的渠畔上。眼看代兴堂渠坝就要崩溃，郭景云部为了确保县城不被水淹，决定在代兴堂渠东侧开口，让洪水向东北泄出。当时，防守在永济、永刚渠畔的民众昼夜不停地添柴、加土、固堤。秋雨连绵中，漆黑夜幕下，人们手中的灯笼、火把就像一条火龙在渠畔上滚动。但终因水大难挡，永济渠右岸的骆驼脖子、赵大沙坑处决口。接着，永刚渠闸箱的东端也决口了。渠口越冲越大，人们眼见死守无用，慌忙撤回护城坝。坝外的房屋纷纷倒塌，瓜菜、麦捆、木板、红躺柜、椽檀……都随水漂走。后又因护城坝的南垣决口，水势凶猛，人力不支，肆虐的洪水冲进了临河城，城内顿成泽国。一首民谣道出了当时的情景："提起四三年，城内人民泪涟涟。家乡财产被水淹，赤身露体站水边。"

1945年春，黄河解冻，塔尔湾流凌成坝，洪水漫溢出岸。永济渠的黄牛湾处决口，护城坝外水深5尺多。县政府得讯后，紧急组织党政军人员防汛，县长负责指挥，公安局局长刘世祥、第101师师长郭景云带领军民上堤防洪。然而，一昼夜的奋斗终因鼠洞隐患而付之东流，堤坝崩溃，形成一丈多宽的水口。时值隆冬，无法取土，加之城墙已拆毁，毫无凭借，故人心无主，自行流散。人们把木料、门板用绳索、铁丝捆绑成木筏，再将家中的重要财物都搬上木筏。待洪水漫进院，木筏漂起时，撑杆而行。有的人来不及绑木筏，就丢掉财物逃命。还有的人在院内把板凳放在缸上，人站在上面，苦等水落。下午5时许，洪水冲进县城。刹那间，城内房倒屋塌，鸡飞猪跑，人哭狗叫，乱成一片。西门外有一处四合大院，院内有碾磨房，还有30多匹驴、马和百余担糜、麦，这些牲畜和粮食全部被水冲走，致使院落主人因无力偿还欠粮而投河自杀。城东门外有一位60多岁的李大娘，独居一间小土房，大水把房子淹塌之后，她站在门前的高土堆上，凄惨地看着水来，后因水位下降才幸免于难。当时的临河城东高西低，所以人们都往东逃，而街上只能靠船通行。县政府为保证通信畅通，便将电话机搬到门前的大树上。后来又从马道桥调来一只木船，把重要文件、档案等抢运到城外永济头闸暂存。此次水患导致全城民房倒塌百分之八十以上，受灾群众只能到大渠背上、高圪梁上、沙丘上搭棚、立灶、盖茅庵。直到第五天，水位才渐渐下降，逃难的群众得以陆续返回城内。因为城内居民的房子全部用土坯、草坯、坷垃等砌成，所以被水一淹一冲就倒。人们在泥水中收拾着残垣断壁，摸捞破旧东西，修复家园。临河百姓就在这样的煎熬中，贫困交加地生活着。

洪水为害，其害无穷；避凶除害，势在必行。1950年春，绥远省人民政府鉴于历年洪水灾害严重，决定沿黄河两岸修建防洪堤，保卫沿河人民的生命财产安全，保证灌区的社会主义建设和各项水利建设的正常进行。省人民政府责成水利局负责筹划，河套地方积极协助施工。根据当时的情况，水利专家提出先修左岸堤防的方案。经省人民政府和水利部批准，拨给工程费小米300万斤，调军队修堤。防洪堤的定线由王文景主持测定。1950年4月底至6月初，测量团队完成西山咀至黄杨闸225千米的定线测量和20多个黄河大断面测量。施工部队有1万多人，于5月陆续进入工地，紧接着全线动工。施工过程中，省政府和部队领导到工地慰问施工大军，鼓舞了官兵的劳动干劲，保证了工程进度。此次黄河左岸防洪堤修建工程完成土方105.59万立方米。

1954年汛前，政府又动员两万多农民抢修一个多月，完成土方148.58万立方米。经数年陆续加高加厚，截至1959年共施做土方604万立方米。

1964年7月，黄河石咀山站遭遇洪水，洪峰流量5440立方米/秒。为战胜洪水，当地政府动员两万多农民一面防汛一面施工，又施做土方158.81万立方米。从此，河套灌区黄河左岸有了一条坚固的防洪堤，全长239千米，堤顶宽4米，堤高3.0～3.5米，黄河流量达6000立方米/秒时亦可安全通过。1964年7月、1967年9月和1981年9月，3次超过5000立方米/秒的洪峰流过，大堤都安然无恙。

临河县政府坚持"社会办防汛，防汛为社会"的投资原则，通过"以劳代资，以资顶劳，发动群众，多方筹措资金"的方法，积极加强防汛。

2012年以来，临河区按照"宽林带、多树种、高标准"的建设思路，突出重点，分步实施，大力推进沿黄公路绿色生态长廊建设，切实改善沿线生态环境。沿黄公路绿色生态长廊的设计思路是以主干道为中心，建成"一路两线一带一园"的大景观绿化效果。其中："一路"即沿黄主干路，"两线"即黄河大桥引线和连接线，"一带"即沿黄公路景观带，"一园"即黄河大桥收费口两侧的植物园。该项目总绿化长度45千米,折合面积2729亩,栽植各类苗木60多万株,总计投资1亿多元。

沿黄公路主干道绿化带长14.9千米,西起西苑路西100米,东至黄河大桥西,栽植各类苗木33.7万株。北侧绿化带宽10米,南侧绿化带宽度为25米。黄河大桥引线和连接线绿化带长8.5千米,折合面积

黄河湿地景观

218亩，栽植垂柳、小美旱杨2.5万株。黄河大桥引线拓宽绿化工程长7.4千米，两侧绿化带宽度各50米，绿化面积1100亩，栽植垂柳、小美旱杨、新疆杨、河北杨20余万株。

沿黄公路分车带绿化工程长13.5千米，绿化带宽4.8米，绿化面积97亩，栽植金叶榆、龙爪槐、云杉等乔木1404株。大桥收费口两侧的植物园绿化工程长1千米，面积511亩，栽植小美旱杨、河北杨、新疆杨、垂柳、臭椿等乔木4万余株。

在沿黄公路造林绿化工程中，临河区始终把科技引进和创新作为要务来抓，鉴于该地段盐碱化较重的实际，坚持因地制宜、因事施策，选择适生乡土树种，选用大规格苗木，把保成活放在首位，高标准规划、高质量栽植。

沿黄公路绿化带建成后，将成为展示黄河文化、体现临河区地域特色的又一个靓丽窗口，也是群众休闲、郊游的特色景点。

抗洪抢险

黄河流经临河境内近50千米，河道水平方向摆动大，多沙洲，水流缓慢，主流摆动频繁，河床迁徙不定。民国时期，由于没有有效的堤防设施和相应的防范措施，每逢汛期，洪水溢岸，泛滥成灾，平均每年淹没土地18万亩。1935年夏，因黄河水大，临河境内渠道决口，灾情极为严重，黄河水利委员会特派工程师李宝泰到现场检查。李宝泰在勘测报告中陈述："临河县境内永济渠本年7月内洪水为灾。灌

渠两岸堤坎被冲之处甚多，计由渠口至县城一段两岸冲开约140米，东岸约200米，二喜渡口东部决口约100米。8月份黄河水复涨，县城西门外永济渠大桥完全冲毁，城南一带均成泽国，县城西关全被水淹。张家渠至天德元渠决口三处，计30～40米。汽车路旁附近决口60余米。故该东西两岸被淹之地约在30万亩以上。井波及永刚之地亦淹地20万亩以上。黄河泛滥，北向出岸，沿河十默特旧渠、天德源渠、张家渠、魏羊渠、兰锁渠、杨家河、黄土拉亥河、五大股渠、德成渠、乌拉河以北25千米均被淹没。沿河旧有堤坝全行溃决，县城护城堤亦被冲毁。包乌汽车路、五太汽车路均被淹没，电话线杆多被冲倒，交通断绝……"当此之时，灾民皆扶老携幼，在大渠背或高圪梁上搭棚立灶，避水逃难，更有背井离乡、外出求生者。一般较大水灾，均由驻军会同各乡征集之青壮民夫携带铁锹、筐头连夜上堤，堵缺打坝，并征派车辆运送柴草、芨箕、白茨等物。施工方法落后，技术设备差。

中华人民共和国成立后，党和人民政府非常重视防洪工作，发动群众组织抢险队伍，修筑防洪大堤，从干流到支流进行全面根治和开发。建立健全防汛机构和通信线路，取得了防洪主动权。从1951—1990年的40年间，经受了1964、1967、1981年三次特大洪峰严峻考验，从未发生黄河洪水灾害，不仅保证了临河地区人民生命财产的安全，而且确保了贯通大西北的包兰铁路和总干渠的畅通无阻。1950年6月，水利部门完成西山咀至黄杨闸225千米的堤坝定线测量和20多个黄河大断面测量。提出堤防设计与实施方案，确定堤防设防标准。1950年6月，临河驻军第328团进入临河段施工现场，很快完成了境内沿河近50千米的堤防工程。

1951年初，临河县发动民工，对部队修的堤坝进行了改建整修。到1952年5月，在原以渠背代堤防的段落扩延堤防工程，新建堤坝6.92千米。1953年，对堤防工程做进一步修改加固，并对境内堤防线路做了调整。至1958年，新建堤防工程20多千米，重点加强了堤防弯道和以渠背代堤的段落建设。

1964年7月上旬，黄河主流出现洪峰，流量5670立方米/秒。巴彦淖尔盟委、盟公署召开全盟防汛电话会议，部署防汛工作，发出"集中一切力量，做好防汛抢险工作"的号召。临河县委亦召开紧急会议，决定全县以防汛抢险为压倒一切的中心任务，健全防汛组织，动员全县人民组织26辆机动车,星夜运送12000名防洪抢险大军到位。防洪堤按各公社人数分工划段,每40米有防护人员1名。二万圪旦1.2千米堤防渗漏塌坡,经过及时修补加固,消除决口隐患。防洪期间,盟委第一书记巴图巴根等领导亲临防洪第一线检查防洪设施,慰问参加防洪抢险的干部群众。盟晋剧团等文艺团体深入防洪工地慰问演出。市民纷纷捐献蔬菜、肉食、衣物及扁担、箩头、麻袋等物资支援抗洪抢险。此外,防洪抢险大军还收到来自各方的慰问信120多件,极大鼓舞了干部群众的信心和勇气。至8月底,此次抗洪抢险共动用土方38.89万立方米、柴草30万公斤、草袋5800条、粮食6.5万公斤、资金31.45万元。

1981年9月6日,临河县委、县政府接到自治区党委、政府关于做好防御特大洪水的紧急通知后,立即召开紧急会议,部署防洪抢险工作。根据堤防行政区域,设立原友谊公社二万圪旦、原团结公社跃进二队两个前线指挥部,以公社为单位设14个指挥所。9月11日,黄河上游石咀山段流量达4100立方米/秒,县防汛指挥部向全县人民发出动员令,要求坚决做到"防洪大堤不决口,铁路、总干渠保安全"。参加防洪抢险的4000余名民兵和干部划段分工,争分夺秒,一面实施险工段加固工程,一面组织堤外人畜搬迁疏散。9月12日,石咀山洪峰流量达到4300立方米/秒,县防汛指挥部通过有线广播发动6000名抢险队员上堤。此时,除在各险工段保持一定数量的防护人员外,每50米设1名防守人员巡守防护。9月17日,石咀山流量达到5160立方米/秒,洪峰快速向磴口县推进,拦河闸下洪峰流量达到5070立方米/秒。抗洪斗争进入最艰险的时刻。临河全县出动抗洪民工10651人、各级干部1319人,全体抗洪抢险人员同心协力,昼夜防守,力战狂澜。9月27日,洪峰流量以5540立方米/秒安全通过境内,防洪大堤安然无恙。至10月6日,抗洪抢险共动用土方55.33万立方米,国家拨款27万元。

20世纪90年代初,黄河马场地险工段河水淘岸逼近大堤,惊动了市、盟、自治区三级党政机关。临河市全体机关干部一律停止办公,与各乡镇调拨的民工一起抢险护堤。大堤上搭起帐篷,安起锅灶,干部群众日夜轮班施工。出现险情的地方是一个大弯,河岸迅速垮塌,大堤危在旦夕。抢险指挥部的高音喇叭不住地重复着指令,数千号人紧张而有序地活动在工地。一线施工的民工用柴草编成二三十米见方的草席，上面覆以厚厚的泥土，再将草席卷面卷似地卷起来，扎成直径两米左右的苫棒，随着口令一齐推进河里。汹涌的河水立刻将苫棒淹没，于是第二个、第三个苫棒连续推了进去。为了确保一线施工材料的需求，有更多的人在二线三线做着预备工作。拉柴草的车辆往来不绝，有人专门在交叉路口指挥调度。几十辆小四轮冒着青烟奔驰，将数不清的红泥土运送到现场。指挥部的干部与工程技术人员会同前来视察灾情的自治区领导，冒险站在随时有可能垮塌的急流岸边，研究着更为有效的治理方案。而在大堤以外，加固河堤的人们散落在几里长的工地上，远看如密密麻麻的搬家的蚂蚁。最终，浪头得到遏制，大堤安然无恙，当河流改变流向滚滚东去时，人们抑制不住激动的心情，振臂欢呼胜利。

黄杨闸

河套灌区直接开口引用黄河水灌溉的渠道虽经多次合并，但到20世纪40年代仍有20多条。其中以杨家河、黄济渠、永济渠、丰济渠、复兴渠为大。渠口失修，养护困难。为了防御洪水、改善灌区各渠口的引水条件，原绥远省水利局计划把灌区20多条各自引水的渠口合并为四个引水口，分别建立四个渠首闸，即所谓"四首制"规划。这四个渠首闸依次命名为黄杨闸、永济闸、复兴闸和义和闸。黄杨闸工程是河套灌区四首制规划中的第一渠首闸。

中华人民共和国成立后，绥远省人民政府成立了水利局，分别任命王文景、李直为正、副局长。水利局草拟《黄杨闸工程计划书》上报省人民政府，随后省人民政府上报水利部并获得批准。1950年4月，省人民政府重新组建黄杨闸工程处，开始了工程的设计工作。

经过实地查勘确定闸址后，工程处就建设工程提出如下指导思想：（1）尽可能地结合好之后的引水总干渠渠线。（2）照顾与三个旧渠的接渠引水。（3）总的引水渠首尚未建成之前，必须确保闸工安全。（4）要创造较好的施工条件。当时这个闸址东距黄河岸3千米，南距黄河岸10千米，北距陕坝镇50千米。计划当引水干渠开通之后，宁夏至包头间黄河木船仍可绕道从此经黄济渠到陕坝园子渠口，以维持绥西对外的水路交通。（5）要求按一首制方案修改设计，尽可能地与尚未定址的一首引水枢纽工程的总干渠长期规划对接。

黄杨闸最终形成的总体设计方案包括1个引水干渠、3个灌溉渠的分水节制闸和1个泄水闸。黄济渠闸分水75立方米/秒为正闸，直冲引水干渠，闸分三孔。左边设一个扩大孔以为过往黄河木船之用。黄济渠闸与左边的杨家河闸以45°角相连接，杨家河闸过水流量为50立方米/秒，闸分两孔。杨家河再左为乌拉河闸。乌拉河闸过水15立方米/秒，一孔，闸位在引水干渠渠岸。当时考虑这个闸是背流引水，容易进沙，特将闸底板抬高20厘米。右岸设泄水闸与黄济渠闸连接成45°角，闸分四孔，不设胸墙以利泄流。闸下开泄水渠一道，长3千米，直通黄河。全闸为混凝土建筑，闸墩和翼墙基础都加打木桩，闸上、下海漫各打木板桩一道。除过船孔为扇形木质闸门外，其他各孔全部为立式钢板闸门，闸门和闸门启闭机统为塘沽造船厂制造、安装。总体工程于1950年春筹备施工，于1952年全部建成放水。

黄杨闸工程是在施建条件有限、技术力量薄弱的情况下进行的，它是河套灌区第一座水泥混凝土结构建筑，是河套水利工程史上的一座丰碑。黄杨闸工程于1952年完工放水后，更名为"解放闸"。1961年枢纽总干渠完成，黄杨闸进行改建，把乌拉河闸略移向上游，单从总干渠左岸建闸引水，把黄济渠闸移往下游，与其旧渠接通，另行开闸由总干渠引水。原泄水闸因流量过小，就把原黄济闸并入泄水闸成为总干渠分水闸。从此，原黄杨闸完成了它的历史使命。经过这次全面改建，黄杨闸正式成为总干渠的分水节制闸，并从此定名为"总干渠第一闸"。

开挖总干渠

黄河三盛公枢纽工程北岸的总干渠是河套灌区一首制引水工程的重要组成部分，位于巴彦淖尔市南缘，由西向东横贯河套平原，与包兰铁路并肩而行。总干渠是河套灌区的大动脉，担负着全灌区的输水、配水任务。

1958年11月15日，总干渠土方工程正式开工。总干渠土方工程由内蒙古黄河工程局组织盟市旗（县）施工，各旗（县）按灌溉面积承担土方量。当时主要靠人工挖渠，"箩头担杖小车推，老牛破车疙瘩绳"。施工最困难的是水方、冻方。由于抽水设备少，动力不配套，水方都用人工排水。雷管炸药供不应求，冻方绝大部分为人力破冻。人们根据土质、土壤含水量、挖深、地下水埋深、冻土深度等不同情况，创造了各种各样的作业方法。在干地上由中心线向两侧开挖，叫"立马分鬃";由中心线向两侧采取分层退台的办法,称为"蛇蜕皮";遇到水方,多采用"倒窖子"法,即集中力量突击抢挖一个深坑,把水排入坑内,再挖另一段;冬季冻方则多采用先打破冻土层,在冻土层下掏挖不冻的土,使冻土层成为悬空层后再用铁锤打下,这叫"黑虎掏心"。这些方法的运用,极大地提高了施工效率。

1959—1962年为主施工期,正值自然灾害时期,由于劳动强度大、生活艰苦,部分民工曾患夜盲症及出现身体浮肿,后经过补充食物及

总干渠

营养，始得好转。为加快施工进度，工地上展开了劳动竞赛。中共党员、共青团员带头，开展比、学、赶、帮、超的劳动竞赛，并发动公社之间、大队之间开展挑应战，提倡议书，设流动红旗，每10天评比一次，很快便掀起了劳动竞赛的高潮。各旗（县）纷纷增兵派将参加劳动，加强物资供应，并派电影队、文工团到工地举行慰问演出。在紧要关头，临河县增加4000人，组成38个妇女营加入会战，并组织了8个随军文工团到工地，边劳动边演出，丰富了工地的文娱生活，民工的劳动热情进一步高涨。工地上还设立了物质奖励机制，如补助费和粮食的发放标准按挖土定额确定，当天分土当天收方，10～15天按完成土方量发给补助工资。干部带头参加劳动，与民工同吃、同住、同劳动。工具改革有专人负责，1959年冬季，工地实现车子化。民工编了句顺口溜："工地实现车子化，工率一天比一天大。"

工地英模不断涌现。临河县丹达公社前进大队民兵连连长李国栋带领全大队民兵90人，编成一个连参加挖渠。他看到背冻土块效率低、劳动强度大，便和大家商量改成用木头架子背。由于木头架子受力均匀，且又在背部，劳动效率大大提高，日工效便由原来的2立方米提高到4立方米，成为全县工效最高的施工连。参加施工的工程技术人员同样辛苦，他们背着水准仪、拿着塔尺奔走于渠线上，既要测挖深又要检查渠堤质量，经常饮食无定、早出晚归。群众常以"胶皮肚子飞毛腿，

总干渠夕照

满面黄尘一身泥"来称赞他们。

在多方努力下,全长200多千米、分设4个闸口的总干渠,于1962年底胜利竣工。总干渠挖成后,灌区生产面貌焕然一新。年引进总水量50亿立方米左右,使灌区农业面积比之前增加一倍多,轮水期缩短,灌水次数增加,灌溉保证率提高。总干渠的4个闸口中,永济闸为临河灌区的主要闸口。

连环用水

河套地区引黄灌溉,用水便利,

巴彦淖尔市 临河区

枢纽工程将排水计划纳入工程系统,沿黄河故道乌加河一线开挖了总排干,作为退水通道。总排干沟于1965年开始疏浚,1967年竣工通水。总排干工程的实施为河套灌区排水治碱、改良土壤、发展生产发挥了积极而巨大的作用。总排干沟与号称"二黄河"的河套大动脉——总干渠南北对应,是河套灌区的一条大静脉。但经过近十年的使用,总排干沙泥淤积严重,退水不畅,成为河套发展农业生产的瓶颈。

1975年12月间,河套大地朔风呼啸,天寒地冻,滴水成冰。在长200多千米的总排干工地上,巴彦淖尔盟委第一书记李贵同志与各级党政干部,率领15万劳动大军,投入疏通总排干的战斗中。

1975年11月间,成千上万的民工挑着箩头、行李,从几十里甚至上百里远的地方,日夜兼程奔赴工地。运送人员和物资的汽车、拖拉机、胶车川流不息。11月3日至7日仅4天的时间,就有7万多民工上了工地,工地上民工人数最多时达到15万人。各旗(县)委和革委会主要领导都上了工地,在工地现场办公,并和民工一样参加抡镐挥锹、抱锤扶钎、背冻土块儿的劳动。河套平原上出现了一个"党政军民齐动员,盟、县、公社、大队四级

但水量过大也会造成洪涝灾害、土地盐碱化严重。早在民国时期,后套"治水大王"王同春就提出过"连环用水"的设想,即把灌区内多余的积水及时排出去,做到黄河水的引排配套,灌溉自如。三盛公水利

《弘扬总排干精神》铸铜雕塑　卓勒泰 / 摄

治河工程

书记带头干,盟、县、公社、大队、小队五级干部上前线,男女老少齐参战,全民大挖总排干"的动人情景。

在200多千米长的总排干工地上,白天红旗招展、人山人海,晚上灯火通明、热火朝天。尽管气温下降到零下20℃,但广大群众仍然日夜不停地在冰水中挖土,个个干得汗流满面、热气腾腾,场面十分壮观。严冬季节施工,加上经费紧张,劳动条件和生活条件都十分艰苦。在200多千米的总排干工地上,两岸居民只有3万余人,竟要容纳15万民工居住。如乌拉特前旗20千米长的工地只有6个村子3000多人口,却住进民工15000人,炕上挤不下就睡在铺着麦秸的地上,许多民工住在羊圈、凉房、柴草垛里。总之,把一切可以挡风的地方都用上了。民工吃的是糜米饭和很少油水的面条,喝的是排沟里的水,用的是担杖箩头、铁锤铁锹。其艰苦状况今人难以想象。

施工条件也很简陋,整个工地只有几台抽水机,民工有时要在冰水里作业。破冻土的主要工具是铁锤铁锲,民工要抡着200多斤重的大锤作业。几十万只铁锲,被一锤一锤地打成铁屑;数以万计的冻土块,被一块一块地背出沟道。白天干了一天,晚上还要挑灯夜战。尽管如此,广大干部和群众还是凭着顽强的干劲,像老愚工一样挖渠不止。在实践中,人们因地制宜地创造了冬季施工的有效方法。当时工地上激励民工的口号是："下定决心，不怕牺牲；排除万难，争取胜利。""苦不苦，想想长征两万五；累不累，想想革命老前辈。"施工中最艰苦的作业是与流沙做斗争。因机械设备不足，面对流沙，民工只能靠一把铁锹往外铲，两个肩膀往外担。工地上箩头缺乏，广大民工发挥创造精神，制造了铁丝箩头、木制四方架箩头，既轻便又坚固好用，还节省了经费。

这次扩建总排干沟工程震动了巴彦淖尔大地的各个角落，出现了全民动员、全力以赴的生动局面。工业部门修理到工地；财贸部门送货到工地；医药卫生部门送医送药到工地；交通邮电部门为工地提供物流方便；文艺部门到工棚、沟畔进行慰问演出，120多支电影放映队在工地上巡回放映，真是"人人想着总排干，一切支援总排干，千军万马战排干"。在极端困难的情况下，施工队仅用了不到三个月的时间就完成了1168.16万立方米的冻土方，是20世纪60年代用了两年的时间完成的749万立方米土方的一倍多，创造了河套灌区水利开发史上的奇迹。

临河境内与总排干配套的干沟有：三排干，起于原黄羊乡，经八岱、乌兰进入杭锦后旗；四排干，起于原八岱乡，经城关、白脑包、狼山，止于新华镇境内的原古城乡；五排干，起于八一办事处，经乌兰图克、新华镇进入五原。此外，有十六条分干沟遍布全区各地。

渠沟路林田

河套平原的植树造林活动始于光绪三十年（1904年）。外国传教士费安河在扒子补隆基督教堂周围植树，陆续建起3座树园子，分别称西树园、东树园和北树园，栽有杨、柳、榆和果树。光绪三十一年（1905年），垦务局在五原隆兴长义和渠岸栽柳树100余株。中华人民共和国成立初期，河套灌区还处于多口自流引黄灌溉的状态，植树护堤只在局部进行。又因受苏联专家的渠道植树会形成"根腐堤坏"理论的影响，多数渠道和渠岸没有植树，只在个别渠段试栽了部分片林和零星渠道林。但是，经管理人员多年的观察，凡有林段落的渠道均保持较稳定、整齐。林木纵横交错的根系可固结土壤、增强抗冲刷能力、加固渠道断面，并对防止风沙侵袭、保护农田起到了很好的作用。植树护堤既为附近农田增产增收创造了良好条件，又为水利工程提供了部分用材。长期的实践使广大的水利工作者逐渐认识到渠道造林的诸多益处，水利造林工作开始受到重视。

话说内蒙古·巴彦淖尔市

1971年,渠路绿化工作在河套平原实施。当时河套地区水渠纵横,防洪堤、总干渠、总排干沟横贯东西,干渠沟、分干渠沟工程纵穿南北,整个灌区形成了基本均匀的大型骨干河渠网络,为灌区内营造基本防护林带创造了极为有利的条件。工程指挥部决定,支渠沟以上渠道绿化由水利部门负责,每年投资林业生产建设费建立苗圃,开展渠道植树造林工程。据统计,仅1973年春就造林9052.5亩。到1975年,绿化灌水干渠道2100多千米,占总长度的95%;绿化排干沟727千米,占总长度的73.7%。支渠以下渠道的绿化由各公社、大队、生产队负责。农田基本建设工程要求达到渠、路、林、田四配套。

总干渠游乐园

党的十一届三中全会以后，灌区掀起群众性的渠沟、堤防造林运动，改春夏两季造林为春夏秋三季造林。夏季，人们利用淌水间歇造林，在渠道旱台上大搞落水插条，取得很好的效果。水利建设与绿化造林两不误，植树与育苗齐发展，专业造林和群众运动相结合。同时，实行多种形式的林业生产责任制，调动水利职工的造林积极性，做到水利工程、灌溉、防汛、造林四兼顾，大大促进了防护林事业的发展。

为了更好地培育、管理和保护好渠（沟）林木，加速推进渠（沟）道绿化进程，更有效地发挥林木对渠（沟）的保护作用，1982年9月15日，巴彦淖尔盟行政公署水利局颁布了《公管渠（沟）林木经营管

立体种植园

理暂行办法》，对林地抚育保护、林权划分、林业经费支出与收入做出规定。灌区水利绿化造林区主要集中于渠沟旱台两岸，主要树种以杨柳为主，次之有红柳、榆树、沙枣等配合种植。1998年，按全盟统一部署，水利系统将绿化工作重点放在110国道和包兰铁路两侧，在两侧10千米范围内的公管水利工程占地或管护地内范围里，实施"绿色通道"工程。各管理局积极行动，加大植树造林的工作力度，制定优

带病树木,给渠道造林增加了压力。灌区安排造林经费148.51万元,各管理局发动群众,增加投入,加强管理,使渠道林木得到初步恢复。

临河区委、区政府在平原绿化的基础上,十分重视并全面实施农田"渠沟路林田五配套"工程,配套后的农田绿树成行,道路四通八达,渠道通畅,沟壑相连。干渠连着支渠,支渠连着斗渠,斗渠通向成千上万的农渠、毛渠。条条渠道都修得笔直,底平、帮整、堰子齐。河套大地渠道纵横,交错如织。乘坐飞机从空中鸟瞰,遍布于千里平原上的大小渠道就如同一张均匀撒开的大网。每到淌水季节,滔滔的黄河水从控水枢纽闸孔中奔涌而出,泄入东西横贯300千米的总干渠。大河有水,小河满。河水从总干渠的4个分水闸奔涌而出,用不了半天的时间,浑黄的河水便灌满渠网,缓缓流向田园,慷慨地滋润着正在生长和孕育果实的禾苗。与渠道配套并行的是一条条排水沟。总排干疏通后,河套人民从20世纪80年代起,掀起了一场开挖支排干的热潮,相继挖成一排干、二排干、三排干……形成类似渠网的排水系统。县境灌域配管配套,进退自如,既节约水资源,保持地下水位适中,又改良了土壤,促进了增产增收。

惠政策鼓励植树。总排干管理局将主要目标确定为种植经济林和优良树木,在总排干沟两侧营造百亩经济林,形成百公里绿色长廊,开发"绿色"银行。"九五"期间,因天牛病虫为害,按上级指示砍伐了大量

果园采摘

与渠沟相配套的还有顺畅的道路。经过规划的乡间大道平坦宽阔、四通八达，极大地方便了人民群众的生产生活。运输物资的货车和载满旅客的客车在大道上奔驰，农用三轮车、四轮车和摩托车也在行驶中奏响欢快的乐章。最令人向往的是那便利农人行走的田间小路，漫步其间，其美感和新意绝不亚于城市公园的通幽曲径。

道路或渠道两旁的树木是平原上一道亮丽的风景线。近年杨树栽植最为广泛，新疆杨高大而挺拔，小叶杨直挺而秀颀。树在路旁，道路因此而成了林荫大道；树在水边，水色因此而五彩斑斓。平原绿化是一项浩大的工程，杭锦后旗率先进入国家平原绿化达标县的行列，随后，临河、五原、磴口……平原绿化工程覆盖了几百里河套平原。与五配套工程相媲美的还有成片栽植的杨柳、沙枣、苹果梨、杏、桃……近看如画，远望如烟，景色醉人。至于隐伏在林网、渠网之间的农田，则是地方经济高速发展的标志。盛夏季节，麦浪滚滚如波涛，玉米林立似青纱，瓜菜铺地似锦绣。精干的河套农民发明了立体化种植方法，在平展的麦田里，黄豆铺地，玉米缠腰，葵花盖顶，大豆镶边，充分发挥了每一寸土地的经济效用，也把田园风光装扮得更加迷人。

塞外粮仓　瓜果飘香

HUASHUONEIMENGGUlinhequ

巴彦淖尔市　临河区

塞外粮仓　瓜果飘香
SAIWAILIANGCANGGUAGUOPIAOXIANG

临河大地物华天宝，美丽富饶。每当盛夏季节，广阔的原野上麦浪滚滚，葵云浮动，翠色流淌，景色如画。而到了金风送爽的丰收季节，从城市到乡下，从田间到市场，处处洋溢着瓜果的浓香。临河既是闻名遐迩的米粮之仓，也是引人入胜的瓜果之乡。

区域形貌

临河区地处河套平原腹地，距自治区首府呼和浩特市383千米，距首都北京1050千米（铁路里程）。

区境东西长36千米，南北宽64.7千米，总面积2354平方千米。南临黄河，与鄂尔多斯市隔河相望；北以乌加河为界，与乌拉特中旗相邻；东接五原县；西与杭锦后旗毗连。

境内为黄河冲积平原，海拔1029米，地势由西南向东北微度倾斜。近黄河岸地带是河漫滩，高出黄河水面0.5米，地势平坦开阔。有些地段表层是细砂，灌溉渠道与黄

七彩柿子

冬捕（一）

河故道也多沉积沙，在长期风蚀的作用下，形成不少碟形洼地和沙丘。黄河故道遗留的天然堤与古河间低地、废灌溉渠道等积水而成湖泊，构成河套平原湖泊广布的地貌景观。

临河境内有黄河、二黄河、京兰铁路、110国道、丹拉高速公路以及总排干东西横贯。境内耕地辽阔，平畴广袤，渠道纵横，阡陌交通。春夏之季，翠色欲流；秋冬之时，天高云淡。村社连属，城乡共建，人民安居乐业。

临河地处内蒙古高原，纬度较高，深处内陆，属中温带半干旱大陆性气候。因南有黄河、西有乌兰布和沙漠、北有阴山屏障，所以气候特点十分明显：冬寒夏炎，四季分明，降水少，温差大，日照足，蒸发强，春秋短促，冬季漫长，无霜期短，风沙天多，雨热同季，灾害频繁。气温地理分布为由南向北递减，南北温差较明显。临河人常说："临河气候四季分明。夏季炎热；冬季寒冷；春天干燥，昼夜多风；秋日气高，凉爽宜人。天降冰雹危害严重，四至九月降雹频频。夏季六月日照最长，三千小时全年光亮。每日照射十时以上，充分满足植物生长。地处正值西风

冬捕（二）

带上,风速较大风期较长。十至三月北风呼啸,入春东南季风增强。"

临河民间还流传着物候口诀:"一月里来枯草黄,出门要穿皮衣裳。二月里来月如霜,地冻三尺北风狂。三月里来春风暖,开河鱼肥惹人馋。四月里来柳吐芽,燕子北飞造新家。五月里来蛙始鸣,小麦拔节绿莹莹。六月里来杨飞絮,苹果梨在枝上缀。七月里来麦子熟,挥汗夺得龙口食。八月里来蜜瓜香,西瓜冬瓜堆满场。九月里来秋色浓,玉米完熟初霜冻。十月里来水成冰,杏树叶子全落尽。十一月来初下雪,榆树垂柳枝无叶。十二月来地封冻,宰猪杀羊过隆冬。"

大后套

大后套位于阴山山脉和黄河之间,西起巴彦高勒镇,东至西山咀镇,东西长约250千米,南北宽约60千米,面积有1万多平方千米。后套平原俗称"大后套",与被称为"前套"的鄂尔多斯相对。明朝中期开始,内地晋陕一带人民越过长城,到塞外谋生,名曰"走西口"或"进套"。人们过了明长城通往塞外的口子——西口后,先进入鄂尔多斯高原,再辗转渡过黄河进入以北的平原,习惯上将先到达的地方称为"前套",后到达的地方称为"后套"。

大后套地势坦荡,渠道纵横,树木成行,美丽富饶,素有"塞外粮仓"之美誉。民谣唱道:"黄河北,阴山南,八百里河套米粮川。水渠纵横密如网,阡陌交通赛江南。"后套平原是典型的农牧结合区,引黄灌溉,春种秋收,具有悠久的农

丰收

业历史。再穷苦的人来到后套也可以吃饱肚子，大家都深感后套是个养人的好地方，便长期定居下来。"塞外粮仓"的美名也口耳相传，闻名于世，于是便有了更多的人纷至沓来，大后套成为名副其实的富庶之地。临河区就位于后套平原腹地。

黄河是过境河流，是临河地表水和地下水的主要来源。黄河总径流量年际变化不大，年平均总径流量为367.2亿立方米，流量为847.3立方米/秒。黄河是临河区农田灌溉的主要水源，现已形成以永济、黄济两大干渠为主体的引黄灌溉网，年引水量为11.02亿立方米，还有总面积3.1万亩的大小湖泊。

粮食作物

头号种子选手——河套小麦

河套小麦的种植历史非常悠久。民国年间编撰的《河套调查记·农业·农业种类》记载："河套农业……作物以小麦、豌豆为大宗……"又有《河套新编·河套农林调查记》说：河套"有大麦、小麦、油麦、豌豆、蚕豆、扁豆、胡麻、糜子、谷子、稻、高粱、玉米、绿豆、青豆、黑豆、黄豆、豇豆、芝麻、荞麦之属"。《绥远河套治要·出产》也记曰："河套出产最富，粮食则以麦子、糜谷、高粱、胡麻为大宗。"而小麦的产量在当时已经非常可观，据《临河县志·物产》记载：民国年间县境内种植的五谷包括小麦、豌豆、糜谷、谷子、胡麻、扁豆、荞麦、玉米、莜麦、大麦十种。其中小麦年总产2万石。河套地区流传的"烧红柳，吃白面"之说，正源于此。

河套小麦

巴彦淖尔市正处于种植小麦的黄金地带。《河套调查记·农业·河套土壤性质》上说:"河套地层,纯由黄河冲积而成,平衍肥沃,微带碱性。得水灌溉则酥如鸡粪,生殖力甚强;不得水则石田坐叹。故繁荣河套,首在渠利。今五、临二县,渠道纵横,灌溉甚便,土质亦佳。安北略有逊色。兹就三县土壤,分述于次:五原,本县渠道纵横,土地平衍,南部沿黄河一带多黄沙土。中部洼下之地,其质多碱。北部多黄黑沙土。全县土质皆带黄色,质坚硬,生殖力甚强,宜种小麦、糜子、豆类等。临河,本县西部及西南部地多红沙土,南部多红土,东北部多黄黑土,东南部多黄土。全县土色多红,质多胶泥,土脉融和,又距黄河最近,宜种小麦、糜子、豆类,收获量为河套冠。安北:第一区西北、西南及西部有渠水灌溉,多黄土及黑土,东南多黄土及沙土,南部多沙土,北部多黄黑沙土;第二区东南部多红黄土,西南部多黄土,以红黄土为最肥;第三区未详。全县以黄土居多,土质微沙,生长性最良,宜种小麦、豆子、麻子、高粱等。"

河套地区深处欧亚板块内陆,属典型的温带大陆性气候。全年日照时数3210.8~3305.8小时,太阳辐射总量为每平方厘米146~152千卡;年平均气温6.1℃~7.6℃,日平均温差13℃~14℃;无霜期127~135天,≥10℃的积温2876℃~3221℃;年平均降水量180毫米,年均蒸发量2200毫米。独特的气候条件适宜各类农作物生长发育。再加上河套地区引黄灌溉的独特条件和完善的自流灌溉系统,使得河套小麦成为种植业中的黑马,成为巴彦淖尔市黄灌区的主栽作物。

河套小麦的播种是所有作物中最早的,一般在土地未解冻之前就要下种,因此有"种在冰上,收在火上"之说。小麦刚出苗时,农田地里麦垄整齐,嫩芽葱绿;长到一尺高时,麦苗开始拔节抽穗,看上去越发葱翠茂密,远望犹如平展展的绿毯;而到了农历六月间,麦苗由绿变黄,麦穗成熟,麦芒如刺,麦田则一片金黄。经过收割、拉运、码垛、晾晒、碾压、扬场等一系列工序,脱粒的麦子就如小山似的堆在场面,只待装载入仓。

河套小麦籽实饱满,品质优良。品种茎秆弹性强,抗倒伏,抗青枯早衰,适应性强,稳产性好,适宜单、套种。据《河套灌区小麦膜下滴灌技术》一书记载,河套小麦近年推广的小麦良种除永良4号外,还有巴优1号、临优1号、临春1号、

浩彤现代农业观光园休息区　田志强/摄

巴麦10号、临优2号等，其品质与永良4号相类。

河套小麦在当地党委、政府的高度重视和全体农业科技人员的精心研究下，终于培育出当代种植业领域最具竞争力的优良品种，尤其是永良4号的培养成功，让河套小麦的亩产翻了一番，成为近20年河套地区及自治区中西部、东部小麦种植的主要品种，为内蒙古的农业发展做出了重要贡献，使得巴彦淖尔盟（今巴彦淖尔市）在2000年被国家确定为全国优质小麦生产基地。巴彦淖尔盟（市）农业科学院再接

富硒小麦　米德格桑/摄

再厉,于2002年和2005年培育的巴优1号强筋小麦和临河区种子公司培育的临优1号强筋小麦、临优2号普通小麦通过自治区农作物品种审定委员会审定,为中国乃至世界种植业的发展都做出了积极贡献。近年来,河套小麦年播种面积均在230万亩左右(折纯面积),年产优质商品麦9亿多公斤,无论播种面积、单产和总产,都位于内蒙古第一,就全国而言也是重要的优质春小麦产区。

内蒙古恒丰食品工业(集团)股份有限公司生产加工的河套牌雪花粉(小麦粉)、雪花面(挂面)、馒头粉(小麦粉)、手拉面(挂面)被中国绿色发展中心认证为绿色食品。巴彦淖尔市恒丰大公食品有限责任公司生产的大公雪花粉(小麦粉)、瑞雪粉(小麦粉)、水饺粉(小麦粉)被中国绿色发展中心认证为绿色食品。巴彦淖尔市手延食品有限责任公司生产的手延牌手延面(挂面)、巴彦淖尔市冠生园食品有限责任公司生产的河川牌延面被中国绿色发展中心认证为绿色食品。

长胡子老头——河套大麦

河套大麦,别名牟麦、饭麦、赤膊麦,长的像小麦,但穗子更大些,麦芒很长,像老头子的胡须,成熟后穗子歪在一边,俗称"长胡子老头"。河套大麦分二棱大麦、四棱大麦、钩芒大麦和青稞大麦四种。

二棱大麦植株高大且粗壮,穗大,芒长,呈二棱形。粒大无茸毛,皮薄,品质好。生育期100天左右,喜水耐肥,不倒伏,口紧不脱粒,适宜较肥沃的土壤种植。

四棱大麦植株高大,茎秆粗壮,分蘖力强,穗码整齐,呈四棱形。芒多而长,呈扫帚状。粒纺锤形,暗黑色,无茸毛。生育期80～90天,喜水耐肥,不倒伏,易染黑穗病,抗旱力差。适宜水肥条件较好的沙质土壤种植。

钩芒大麦俗称草麦,株穗高度中等,茂盛,分蘖力强,叶大,茎秆粗壮,穗粗大而有长芒,码紧籽实。粒中等大小,腹沟宽而深。生育期90～100天,适应性强,产量高而稳定。品种较差,易倒伏,耐水、耐肥性差,对土壤要求不严。

青稞大麦植株高大,叶子宽肥,穗大短而粗,两端较尖,穗码整齐,呈四棱形,有长芒,内外颖不紧贴在籽粒上,易脱粒,籽粒较小。生育期100天左右,喜水耐肥,产量高,品质好但易倒伏。

河套大麦的营养成分与小麦近似,但纤维素含量略高。河套大麦属一年生禾本。秆粗壮,光滑无毛,直立;叶鞘松弛抱茎,多无毛或基部具柔毛;两侧有两披针形叶耳;叶舌膜质,具坚果香味;碳水化合物含量较高,蛋白质、钙、磷含量中等,含少量B族维生素。因大麦的谷蛋白(一种有弹性的蛋白质)含量少,所以不能做多孔面包,但可做不发酵食物,在北非及亚洲部分地区尤喜用河套大麦粉做麦片粥。

河套大麦是内蒙古旱作区主要经济作物和盐碱地土壤改良作物之一。河套大麦产量的高低和品质的优劣与自身品种特性有着密切的关系,是其基因型与环境相互作用的结果。但同一品种在不同生态和栽培条件下产量、品质会有很大的差异,因为不同的生态条件及栽培措施会使作物的产量构成和群体结构发生很大的改变。

河套大麦起初混长在小麦地里,被认为是小麦的变种,因此常常被农民当作杂草拔掉。随着现代农业科学技术的普及,人们逐渐认识到河套大麦的独特价值,并将其发展成特色产业。

巴彦淖尔市黄灌区的河套大麦具有独特的品质:皮薄透明,发芽率高,每100克含水分13.1克、蛋白质10.2克、脂肪1.4克、碳水化合物63.4克、膳食纤维9.9克、钙66毫克、磷381毫克、铁6.4毫克。此外,还含有维生素、尿囊素等。河套大麦胚芽中,维生素B_1的含量比小麦多,而且有极高的药用价值。从20世纪80年代开始,我国的啤酒酿造业迅猛发展,河套大麦优良的啤酒酿造价值就此显现,因为大麦的麦芽是酿造啤酒的主要原料。在巴彦淖尔市金川啤酒厂的大力扶持下和河套大学农科院的积极配合下,河套大麦的品种更趋优良。凭借优良的品质,河套大麦走向全国。

黄金生长纬度带上的河套燕麦

燕麦为禾本科植物,《本草纲目》中称之为雀麦、野麦子。燕麦不易脱皮,所以也被称为皮燕麦,是一种低糖、高营养、高能食品。燕麦性味甘平,能益脾养心、敛汗,有较高的营养价值。《救荒本草》上说:燕麦煎汤服,或"春去皮做面蒸食及做饼食"。燕麦富含膳食纤维,能促进肠胃蠕动,利于排便,而且热量低,可降低血脂和血糖水平。

河套地区独特的气候条件十分适合河套燕麦的生长发育。燕麦在2℃～4℃就能发芽,幼苗能忍受-2℃～-4℃的低温环境,在麦类作物中是最耐寒的一种,且在麦类中最耐旱,又能自我繁衍,再加之燕麦是极佳的饲料,深受牧民喜爱,故在河套地区燕麦的种植历史非常悠久。尤其是从清同治年间开始,山西、陕西农民大量进入河套地区,开启近代河套农耕史后,燕麦的种植技术逐渐由粗放型种植转入精细型种植。经过长时间的摸索、选种,河套地区的燕麦逐渐形成自己独特的品质。河套燕麦中的水溶性膳食纤维分别是小麦和玉米的4.7倍和7.7倍。河套燕麦中的维生素十分丰富,特别是维生素E,每100克燕麦粉中高达15毫克。此外,河套燕麦粉中还含有谷类食粮中均缺少的皂甙(人参的主要成分)。蛋白质的氨基酸组成也比较全面,人体必需的8种氨基酸含量均居首位,尤其是含赖氨酸高达0.68克。河套燕麦米粥富含镁和维生素B_1,还含有磷、钾、铁、铜,可以降低胆固醇,对脂肪肝、糖尿病、便秘等有辅助疗效。河套燕麦片可以改善血液循环,促进伤口愈合。

改革开放后的很长一段时间,河套燕麦因为产量低,所以种植面积大大缩小。随着人们健康意识的增强,河套燕麦的养生与医用功效为人们所认识,燕麦的经济效益随之提高,种植面积也扩大了。随着全国燕麦深加工企业的增多,燕麦的需求量不断增大,而河套燕麦以其优良的品质,成为众多企业的首选原料。就这样,河套燕麦的美名传播开来。

河套燕麦的种植宜选用苜蓿、草木樨、豌豆、蚕豆等豆科作物为前作。土壤瘠薄的地块可连续采取轮歇压青休闲的轮作制。秋翻前宜施用半腐熟的有机肥料作基肥。河套燕麦要选用抗倒伏、耐水肥、抗病的良种,用800倍的新高脂膜溶液浸泡种子,再用药剂处理后,即可播种。春播时，土温稳定在5℃时即可播种。注意调节播种期，使需水盛期与河套雨季吻合，播种时都用种肥。旱地播种密度为每亩基本苗20万～22万株，灌溉地为每亩25万～35万株。分蘖初期或中期追肥、浇水。河套燕麦出苗后要保持土壤墒情和足够的肥力，并喷施新高脂膜溶液保温保墒增肥效，增加有效分蘖率。要适时施足起身肥、灌浆肥，要消灭杂草，强壮植体，防止倒伏。在抽穗期要喷施一次壮穗灵，提高授粉能力和灌浆质量，增多穗粒数，增加千粒重。

品质优良的河套荞麦

荞麦，别名甜荞、乌麦、三角麦等。荞麦是短日性作物，喜凉爽湿润，不耐高温旱风，畏霜冻。

荞麦在河套地区的栽培历史非常悠久，河套农民的种植经验十分丰富。最早的荞麦实物出土于陕西省咸阳市杨家湾四号汉墓中，距今已有2000多年。另外，陕西省咸阳市马泉和甘肃省武威市磨嘴子也分别出土过西汉和东汉时的实物。河套地区从晋陕一带移民过来的农人将祖先种植荞麦的技艺带到河套，使河套地区也成为荞麦盛产区。内蒙古和兴利食品有限公司生产的野山荞早餐100%纯荞麦片、野山荞养生糊、野山荞养生茶、野山荞麦米、100%纯苦荞片、早餐100%熟荞米被中国绿色食品发展中心认证为绿色食品。

河套地区优越的自然环境与种植条件使得河套荞麦形成了优良的品质：谷蛋白含量很低，主要的蛋白质是球蛋白；氨基酸中的赖氨酸含量高而蛋氨酸的含量低，氨基酸模式可以与主要的谷物（如小麦、玉米、大米的赖氨酸含量较低）互补。河套荞麦的碳水化合物主要是淀粉。因为颗粒较细小，所以和其他谷类相比，具有容易煮熟、容易消化、容易加工的特点。据测定：河套荞麦含有丰富的膳食纤维，其含量是等量大米的10倍；河套荞麦含有的铁、锰、锌等微量元素也比一般谷物丰富。这些优良的品质使得河套荞麦在内蒙古自治区小有名气。河套荞麦主要用于食用，如加工成面条、凉粉等，深受河套人民的喜爱。因为河套地区旱涝保收，医药保健行业介入河套荞麦的种植后，使得河套荞麦不论是种植面积还是产品质量都又上了一个台阶，河套荞麦也跟着各类药品和保健品走向世界。

阴山脚下的河套莜麦

莜麦，又叫油麦，喜寒凉，耐干旱，抗盐碱，生长期短，常野生于山坡路旁、高山草甸及潮湿处。莜麦在我国的种植范围非常广，遍及山区、高原和北部高寒地带。我国有200余个县种植莜麦,但集中产区是内蒙古自治区阴山南北地区,河北省阴山和燕山地区,山西省朔州市西山山区、太行山和吕梁山区,陕、甘、宁、青的六盘山、贺兰山和祁连山,云、贵、川的大、小凉山高海拔地区。河套地区位于阴山南麓,这里日照充足,昼夜温差大,非常适合莜麦的生长。

河套莜麦又名"五寨莜麦",属普通燕麦颗粒型。适宜在中等肥力的土壤种植,应注意适时早收。据测定:河套莜麦的蛋白质含量平均达15.6%,8种氨基酸组成较平衡,赖氨酸含量高于大米和小麦;脂肪和热能都很高,脂肪是大米的5.5倍、小麦面粉的3.7倍。脂肪中含有较多的亚油酸,可降低胆固醇在心血管中的积累,适合动脉粥样硬化性冠心病、高血压和糖尿病患者食用。

河套莜麦有着悠久的种植历史,这首先得从燕麦和莜麦的关系说起。燕麦的品种按两片稃片和籽粒结合的紧密程度分成两大类。结合紧的一类叫作"皮燕麦",是国外栽培最广的品种。我国广泛种植的燕麦品种是结合得比较松散的那类,即所谓的"大粒裸燕麦",它还有个更出名的名字,叫"莜麦"。就目前的资料来看,莜麦最可能的起源地是在今山西省北部到内蒙古河套平原一带。也就是说,河套地区极有可能是莜麦的起源地之一。

河套莜麦面是河套人的面食中的调剂品,不像白面那样天天吃,只是隔三岔五地吃个稀罕。河套人吃莜面一般是蒸着吃,将捏成小鱼形状的面条放在蒸笼上蒸熟,称"莜面鱼鱼"。蒸熟的莜面鱼鱼味道生涩,通常要用浓香的羊肉汤泡着吃。羊肉汤泡莜面是河套城乡久负盛名的美食之一。近些年,临河部分餐厅推出一道新菜,叫"茄子盖莜面",就是把红烧茄子块加上番茄汁,直接浇到事先蒸熟的莜面窝窝上,顿时香气扑鼻,令人食指大动。莜面窝窝是将手工搓成的莜面卷儿码在一起,看上去像蜂窝。浇上茄子汁,味道特别鲜美,吃起来既有莜面的油香味儿,又有烧茄子的滑嫩爽口。莜面还有一种常见的吃法就是凉拌:把莜面搓成均匀的条条蒸熟,与黄瓜丝、辣椒、葱花油、蒜末、芝麻盐、醋、酱油等佐料拌在一起,吃起来既爽口又筋道。

近年来,巴彦淖尔市扶持发展了众多挖掘河套莜麦潜力的企业,以"河套莜麦"这个总名称,开发出一系列莜麦产品。如河套武家速食莜麦面、河套莜麦片、河套莜麦疙瘩等。随着这些产品的走俏,河套莜麦的美名也走出了家门。

除盐碱地外,各种土壤都能种植河套莜麦。秋翻时带足底肥,来春5月平整、耙、耱土地后精选良种,晾晒、拌药剂后再晾晒,晒好后即可播种。莜麦虽为抗旱作物,但在拔节、孕穗、抽穗、开花阶段水肥需求量最大。尤其是抽穗前后的几天对水肥的反应更敏感,因此要在这些阶段及时浇水追肥。整个生长期要勤防病虫害。麦穗发黄即可收获。河套地区漫长的莜麦种植历史证明,此地极适合莜麦的生长。河套莜麦以其优良的品质闻名区内外。

河套玉米

河套玉米是河套地区的主要粮食作物之一,不仅种植面积大,而且产量高、市场行情好。每到夏秋之际,河套原野上便呈现出"三景":无边的麦浪、无边的向日葵和无边的玉茭林。

河套玉米植株高大,茎强壮、挺直。叶窄而大,边缘波状,于茎的两侧互生。雄花花序穗状顶生,雌花花穗腋生,成熟后成谷穗,具粗大中轴,小穗成对纵列后发育成两排籽粒。谷穗外被多层变态叶,称作"苞皮"。籽粒呈纵向整齐排列,密而紧凑,紧扣在中轴上。经过晾晒的玉米粒,因籽粒淀粉干燥度不同而顶端凹陷。

河套农民说起河套玉米的播种、浇水、除草、收获以及贮存方法,就如同自己的手脚一样熟悉,但玉米在河套的引进播种却不过六七十

年的历史。

据《巴彦淖尔盟志》记载：20世纪50年代初，巴彦淖尔盟种植玉米的农户很少。1956年春，从呼伦贝尔盟和哲里木盟调入金顶子、黄马牙玉米种子84万公斤，增产显著。1957年，玉米面积增至12万亩。1965年以后，经过试验示范，玉米

小麦套种玉米

杂交种156号、中杂44号等品种成倍增产，得到迅速推广。1978年，玉米单产达到276公斤，在60年代基础上翻了一番。1980年从昭乌达盟引入吉单101号和四单8号，随后又引入烟单14号、中单2号，丰产性状好，增产显著。1985年，全盟玉米单产平均达到339公斤。1990年，河套玉米已成为当地粮食生产的主力军。仅临河市（今临河区）一地，各乡镇玉米播种面积就达30万亩，占全地区粮食总播面积的四分之一还多。1998年，全盟玉米单产达到769公斤，五原农业技术推广中心试验场试种的玉米单产记录是1118公斤。20世纪90年代开始，河套玉米名扬天下。

河套玉米不但以高产出名，更以质量取胜。据测定，河套玉米的籽粒、茎秆营养丰富，是饲喂各种家畜的优质饲料。河套玉米的粗蛋白质含量为5%~10%，纤维素少，适口性好，因而是肉牛、奶牛、马、羊、猪和禽类、鱼类不可缺少的饲料。据测算，100公斤饲料玉米的营养相当于135公斤燕麦、125公斤高粱、130公斤大麦。河套玉米的整根植株都可饲用，利用率达85%以上，是著名的"饲料之王"。

河套玉米是高秆植物，因此在农作物栽培中往往被用来与其他植物套种。为了提高单位面积收益，从20世纪70年代起，河套农民就开始做小麦套种玉米实验。之后逐步实验成功在小麦套种玉米的同时套种黄豆，并在"粮粮套种"的基础上，逐步发明了"粮油套种""粮糖套种""粮肥套种"等技术。到1980年，仅临河县（今临河区）小麦套种玉米的面积就达到10万亩。套种田的产量一般要比单种田增产30%左右。另外，为了达到种地与养地并重的目的，河套农民还将河套玉米与其他植物进行换茬轮种，换茬的顺序通常是"小麦—玉米—糜子"或"小麦—甜菜—玉米或葵花"。合理换茬有利于取得增产增收的效果，又可避免或减轻农作物病虫和杂草危害。

内蒙古云海秋林畜牧有限责任公司生产的河套玉米被北京中绿华夏有机食品认证中心认定为有机产品。

河套糜子：饭之美者

河套地区自古以来就是一个富饶的产粮区。早在民国时期编撰的《临河县志》上，就有"中国之富源在西北，西北之富源在河套"的美誉。而糜子正是河套最早的人工栽培植物之一。《吕氏春秋·览·孝行览》上说："饭之美者，玄山之禾，不周之粟，阳山之穄（糜子），南海之秬。"北魏地理学家郦道元曾考察河套地区的山川水道，在其地理学专著《水经注》中记载："自高阙以东，夹山带河，阳山以往，皆北假也。"所谓"阳山之稼"，说的正是现阴山以南河套地区的糜米。当此之时，河套糜米已是驰名华夏的美食。秦皇汉武时代，河套地区作为中原王朝的边疆屯垦之地，农田水利得以大规模开发，所产糜米以数万斛计，除自给外，还可支援遭受灾害的匈奴部落。据史书记载：汉甘露三年，朝廷先后将三万四千斛河套糜米赐给匈奴；汉元帝时，又赐给匈奴谷物两万斛。

北魏时，朝廷派大将刁雍镇守西北边疆，刁雍在河套地区建起一座薄骨律城，并在平原上兴修水利，发展生产。他在城内建起一座大粮仓，将产下的余粮储存仓内用以备战。不久，刁雍接到朝廷指令，命他将屯谷五十万斛运往沃野镇以供军需。刁雍接受任务后，考虑到陆地运粮路途遥远、行走艰难，决定利用黄河运输粮谷，并提笔写下一篇千古名作《运屯谷付沃野表》，全文如下：

奉诏高平、安定、统万及臣所守四镇，出车五千乘，运屯谷五十万斛付沃野镇，以供军粮。臣镇去沃野八百里，道多深沙，轻车来往，犹以为难。设令载谷，不过二十石，每涉深沙，必致滞陷。又谷在河西，转至沃野，越渡大河，计车五千乘，运十万斛，百余日乃得一返，大废生民耕垦之业。车牛艰阻，难可全至，一岁不过二运，五十万斛乃经三年。臣前被诏，有可以便国利民者动静以闻。臣闻郑、白之渠，远引淮海之粟，溯流数千，周年乃得一至，犹称国有储粮，民用安乐。今求于牵屯山河水之次，造船二百艘，二船为一舫，一船胜谷二千斛，一舫十人，计须千人。臣镇内之兵率皆习水。一运二十万斛。方舟顺流，五日而至。自沃野牵上，十日还到，合六十日得一返。从三月至九月三返，运送六十万斛。计用人工，轻于车运十倍有余，不费牛力，又不废田。

刁雍的建议得到朝廷的采纳，他在较短的时间内，用相对较少的人力物力，顺利完成粮谷调送任务。刁雍也因此受到朝廷的嘉奖。

明清之际，随着走西口移民运动的发展，河套糜子种植业出现了更加繁盛的局面。中华人民共和国成立前，糜子、小麦、豆类三大粮食作物中，糜子的种植面积与产量长期居于首位，是河套人民的主要食粮。抗战时期，傅作义率十万大军进驻河套，是河套的小米饭养育了抗战健儿，支持了第八战区的抗战大业。

关于河套糜子的种植情况，河套文化典籍诸如《河套图志》《调查河套报告书》《河套新编》《河套调查记》《绥远河套治要》《五原厅志略》等均有记载，兹不赘述。

近代以来，因河套糜子单产较低，在河套地区逐步被小麦、玉米等高产作物代替。一方面，小麦经过长期培育，产量不断攀升，人们从经济效益出发，渐渐放弃了糜子的大面积种植。另一方面，河套人的饮食习惯中历来有"吃米不如吃面，走亲戚不如住店"的说法，一年四季的主食多以白面为主，而糜米的缺失则可用引进的大米填补。大米较之糜米吃起来更加香甜，因而为河套人所普遍喜爱，但糜米的营养成分是大米所不能代替的。随着人们生活水平的提高，近些年糜子的种植又在一些地区时兴起来。黄澄澄的黄米饭重又摆上河套人的饭桌，而更多的时候，人们是将黄米与大米掺在一起，吃黄白混杂的两米饭，既保证了营养的丰富，又吃得顺口。

河套地区自古就是蒙古、汉族等民族的杂居之地，在蒙古族的饮食中，炒米、奶茶、手把肉是必不可少的美食，而糜米正是制作炒米的原料。目前，一些山旱地区和生活在川坡地带的农民，瞅准市场，因地制宜，大力发展糜子种植业。相信有一天，大面积的、籽穗低垂的、蓬蓬勃勃的河套糜子，会再一次出现在广阔的河套平原上，再现"阳山之穄，饭之美者"的辉煌。

炒香最数炒黄豆

河套黄豆属丛生植物，茎蔓长度通常在60厘米以下，因茎细而软，多爬地生长或攀附生长，豆苗在生长期呈黄绿色，成熟后则呈枯黄色。叶片圆而薄，豆荚呈月牙形，表皮有密密的细毛，内包三到四粒豆不等。黄豆是河套地区普遍种植的粮食作物，属小杂粮类。

20世纪90年代，农业生产集约化水平空前提高，河套农民创造了"立体化种植"模式，就是在同一块儿土地上，同时种植几种粮食或经济作物。例如在小麦地里间种葵花，又套种黄豆，再在田地四周种上玉米。他们将这种种植模式形象地描述为"小麦居中，葵花封顶，黄豆垫底，玉米缠腰"。此种立体化种植模式根据不同作物的生长特性进行科学搭配，高效地利用了土地，可在单位面积里获得最大收益，创造了河套种植业的奇迹。

套种的河套黄豆播种较晚，起初在麦垄间悄然出苗，渐渐成长，待其即将开花结实之时，小麦已经成熟收割，豆苗需要的充足的阳光便普照而来，因此只要适时播种，加以细致的田间管理，间种套种的四种植物都可获得丰收。

富足的河套人民平时多以白面、大米为主食，黄豆则一般用作辅食。比如在黄豆籽实饱满时将豆苗割下煮熟吃，或将晒干的豆子炒熟吃。炒黄豆的香味特别浓烈，咬着吃又比较酥脆，因此人人喜欢。煮着吃是吃其软，炒着吃是吃其硬，各有风味。

河套黄豆营养丰富，富含大量的不饱和脂肪酸、多种微量元素、维生素及优质蛋白质。对保养皮肤、降低血脂、防止血管硬化等有一定功效。

河套黄豆最常见的吃法是做成豆腐后再烹制，如炒豆腐、炖豆腐、炸豆腐、烩豆腐、小葱拌豆腐等，花样繁多，吃法各异。河套农家很多都有自家的豆腐坊，制作豆腐的技艺代代相传。

清热泻火的绿豆汤

在豆类植物中，除了黄豆、大豆之外，河套农民种植最普遍的就数绿豆了。河套绿豆用处广泛，尤其在日常生活中多被用来熬汤泻火。河套地方有句农谚，说小麦"种在冰上，收在火上"，就是说收割小麦的季节正赶上盛夏时节，骄阳似火，人们在地头顶着烈日割麦，不大会儿工夫就会大汗淋漓。因此又有谚曰："男人就怕割麦子，女人就怕坐月子。"在这样的情况下，绿豆汤便派上了用场，嗓子眼干渴得冒火的农夫，咕咚咕咚喝一碗晾凉的绿豆汤，立刻感到滋润清爽、劳累缓解。绿豆汤使骄阳下劳作的农夫既避免了中暑，又焕发了精神，于是抢收小麦的战斗重又开始。

河套绿豆质坚，过去人们要想用烧柴铁锅把绿豆熬到稀烂，往往要用三五个小时。后来电高压锅普及，熬绿豆汤才变得容易。夏季干燥的河套地区，不光农民常饮绿豆汤解渴消暑，一般城市居民也要隔三岔五地熬一锅绿豆汤，调剂饮食，养生保健。

河套绿豆还常常被用来生豆芽，因为绿豆芽较之黄豆芽更加脆嫩，更适合老年人或小孩食用。此外，绿豆还能与大米一起焖米饭，白米饭中点缀若干绿豆，色味俱佳。当地居民在炖肉时也会加入少许绿豆，能够有效去除肉的膻味。河套绿豆可磨成粉蒸糕，名"绿豆糕"；河套绿豆也可酿酒，名"绿豆酒"。总之，河套绿豆与河套人民的日常生活紧密相连，是人们心中的"宝豆"之一。

豌豆与布衣将军

豌豆在河套地区具有悠久的种

植历史，也是河套人食用或喂养牲畜的粮食作物。据《五原厅志略》记载，河套物产有谷类曰："豆、豇、小、绿、黄、黑、豌、扁数种。"

抗日战争时期，傅作义将军率部进驻五原、陕坝，以河套平原为依托，形成抗击日本军国主义西犯的铜墙铁壁。傅作义将军以第35军为主力，同时统领因各种原因撤退或被派遣到河套的多支部队，共同构成国民党军第八战区序列。十万军人骤然集中于河套一隅，衣食供应便成突出问题。傅作义一面号召军民团结一致发展生产，一面在军中倡导艰苦奋斗精神，官兵同心协力共渡难关。

1940年春夏之交，傅作义指挥的包头战役、绥西战役和五原战役结束不久，国民党中央派遣一支新组建的骑兵部队来到河套，以加强河套的防卫力量。这支部队的番号为"晋察绥边区挺进军"，司令为张砺生。张砺生原是国民党元老，国民军骑兵部队的创始人，一向为傅作义所敬重。对于张砺生加入第八战区的安排，傅作义当然十分高兴。张砺生部进驻河套之日，傅作义破例出门十里望迎。但一支万余人的部队进驻河套，人吃马喂又要消耗许多粮草，且又正是青黄不接之时。傅作义面对新的困难，统筹全局，除了优先保证挺进军的军粮供应外，特意从第八战区长官部拨出30石豌豆，作为张砺生部的马料。而长官部的官兵在傅作义的率先垂范下，节衣缩食，过着艰苦的生活。作为战区长官的傅作义则穿着与战士一样的灰布军衣，因此也被人们称为"布衣将军"。

黑豆：屯垦军眼中的宝豆

据《河套新编》一书记载，河套地方"有大麦、小麦、油麦、豌豆、蚕豆、扁豆、胡麻、糜子、谷子、稻、高粱、玉米、绿豆、青豆、黑豆、黄豆、豇豆、芝麻、荞麦之属，而油麦、糜子、豌豆、扁豆、胡麻为大宗"。《河套新编》成书于1921年，那时河套地区的粮食种植业已很发达，如上所述，仅豆类就有八种之多，这其中就有黑豆。

到1931年时，河套的种植业又形成一个高潮。原因是晋军大规模进驻后套，实行屯垦实边。屯垦队进套以后，对后套的农业生产技术进行了改良，进一步扩大了豆类作物的种植面积，特别是把黑豆种植作为重要粮食生产指标。经过改良的黑豆，产量跃居豆类作物首位，成为屯垦官兵眼中的"宝豆"。傅作义将军率部进驻河套后，更加重视生产自救，粮食播种面积进一步扩大。当时军中流传着这样一句话：

"一粒黑豆，就是射向日本侵略者的一颗子弹。"所以民间把挨枪子又称作"吃黑豆"。

河套黑豆的蛋白质平均含量达36%，易于消化，对满足人体对蛋白质的需要具有重要作用；脂肪平均含量达16%，主要含不饱和脂肪酸，吸收率高达95%，除满足人体对脂肪的需要外，还有降低血液中胆固醇的作用。河套黑豆含有丰富的维生素、卵磷脂等物质，其中B族维生素和维生素E含量很高，具有保健作用。河套黑豆还含有丰富的微量元素，对保持机体功能完整、延缓机体衰老、降低血液黏度有一定作用。

"八仙过河"与河套扁豆

在河套民间，一直流传着一个"八仙过河"的动人故事。

八仙原是天宫豆氏家族的八个女儿，大约在周朝时期，朝廷重视农业生产，号召百姓广种稷豆麦稻。豆族八女听到这个消息后，相约下凡来到人间，决心扎根三秦大地，为天下百姓造福。到了秦汉王朝一统天下的时候，河套地区被纳入中原王朝版图，社会呈现安定祥和的局面，被称为"新秦中"。可当时的河套却不生五谷。豆族八女知道这个情况后，相约从秦中迁徙至河套，帮助发展农业。她们从秦川出发一路向北，不料在半道被黄河所阻。黄河水自西向东咆哮奔涌，水流湍急。八个仙女都是身轻如纱，冒险涉水过河极有被冲走的可能，于是都在河边逡巡不前。这时，八女中身材矮小却性格刚毅的扁姑娘勇敢跳入水中，一边呼喊："姐妹们，勇敢渡河！我们都是水里土里生长出来的，难道还怕水不成！"在扁姑娘的带动下，七位仙女相继纵身跳入水中。她们在河水中屏住呼吸逐浪前行，在浑浊的泥水中漂了一个多月，终于都上了岸。八姐妹相互关切地打量着对方，却一个个面带惊愕之情。原来，经过浑浊泥水的浸泡，豆氏姐妹都已生发新芽，一靠岸台就生成了绿色的豆苗，个个好像身着绿衣的仙姑，真是漂亮极了，精神极了。

豆氏八女就这样在河套平原住了下来，很快就适应了这里的自然环境。原来，这河套平原虽是海拔千米以上的高地，却地势平坦，土地肥沃，黄河水自流灌溉，很是适合豆苗的生长。没过几年，由豆氏八仙化作的各种豆苗便郁郁葱葱地遍布河套平原了。这些豆苗形态各异，所结籽实颜色、形状各不相同。从此以后，河套平原就多了八种粮食作物，它们分别是：扁豆、绿豆、青豆、黑豆、豇豆、蚕豆、豌豆、黄豆。

河套地区光照充足，盛夏季节

高温炎热,极有利于扁豆的成熟,因此产出的扁豆结实滚圆,品相、质量俱佳。扁豆还有个特点,就是耐旱,适宜在肥沃的砂质土壤中生长,因此成为山旱区农牧民的种植首选。

河套扁豆的营养成分相当丰富。随着生活水平的提高,白面大米已经不能满足人们日常饮食的口味需求,扁豆因营养丰富而受到重视,常常被用来与米饭同焖食用。正所谓"米饭加豆,有肥有瘦。味道清香,好比吃肉"。

红高粱与高粱白

红高粱在河套地区有着悠久的种植历史,因为它是河套人酿酒的主要原料。"高粱熟了昂着头,谷子熟了低着头,玉米熟了歪着头",说的是三种作物的不同长势;"高粱红,玉米黄,茄子紫,黄瓜绿",说的又是四种作物的不同颜色。河套红高粱秸秆粗壮,高低参差不齐,高者超过人的头顶,基部节上具支撑根。叶片线状呈披针形,先端渐尖,基部圆或微呈耳形,表面暗绿色,背面淡绿色或有白粉。特别突出的是它那高昂着的穗子,红亮鲜艳,像一簇簇火炬,在万绿丛中特别引人瞩目。

红高粱喜温、喜光,在生育期间所需的温度比玉米高,并有一定的耐高温特性。而河套地区光照充足,夏季高温炎热,加之土地肥沃,因此非常适合高粱的栽培种植。红高粱根系发达,根细胞具有较高的渗透压,吸水能力强。而河套平原又恰恰是引水便利的黄灌区,水资源丰富,可满足高粱的生长需要。

以上这些条件确保了河套红高粱长势旺盛，颗粒饱满，高产丰产。

河套红高粱除食用外，可制淀粉、制糖、酿酒和制酒精。高粱米味甘，性温，蛋白质以醇溶性蛋白质为多，人体不易吸收。但将其与其他粮食混合食用，则可提高营养价值。河套人民习惯用高粱米和小麦、大米混合制作杂粮饭。高粱面还可做成面条蒸吃，口感硬而发涩，俗称"钢丝面"。河套酒厂生产的高度白酒"高粱白"，是烧酒中的名品，在二十世纪六七十年代非常盛行。

河套红高粱

河套雪花粉与石磨面粉

经过长期培育与优化的河套小麦，不仅籽粒饱满、色泽美观、容重高，而且内在品质优良，因此赢得国内面粉加工企业及粮食经营部门的青睐。目前，巴彦淖尔市每年有10万吨优质小麦原粮销往国内各地，有约30万吨本地加工生产的优质面粉畅销国内18个省市区和日本、蒙古国、越南、俄罗斯等国家。河套小麦蛋白质含量高，粉质指标、拉伸指标、沉降值指标优良。用优选的河套小麦加工而成的面粉，色白如雪，素有"雪花粉"之称，吃起来口感好、筋道。此外还有面包粉、蛋糕粉、高筋粉、特筋粉、富强粉、标准粉等系列产品。

1957年，河套地区创建了第一家面粉加工企业——临河面粉厂，即今天的内蒙古恒丰食品工业（集团）股份有限公司（以下简称"恒丰集团"）。公司于1992年改组为集团公司，1993年通过定向募集改组为股份有限公司。集团公司技术力量雄厚，拥有三条先进的意大利面粉生产线，日处理小麦850吨，还有年产量2500吨的挂面生产线以及面包、馒头生产线。集团公司现有1个全资子公司、1个控股公司、9个参股公司、50个分销处，销售网络覆盖全国。

与恒丰集团同时快速发展的还有内蒙古兆丰河套面业有限公司（简称"兆丰面业"）、乌拉特前旗丰达源农贸有限公司等一批石磨面粉加工企业。低速研磨与低温加工技术，不会破坏小麦中的营养物质，可以最大限度地保留小麦中的蛋白质、面筋质、胡萝卜素、碳水化合物、钙、磷、铁、维生素等营养物质，特别是石磨面粉中的胡萝卜素和维生素E是其他面粉的18倍。低速研磨还保留了面粉的分子结构，煮面时石磨面粉的面汤颜色呈淡黄色，而其他含有添加剂的面粉的面汤颜色则呈白色。石磨面粉保留了小麦的原汁原味，用石磨面粉制作的各种面食口感柔韧、麦香浓郁、营养价值高，是天然绿色的健康食品。

石磨面粉在河套地区具有百年以上的历史，新中国成立以前，大部分中等生活水平以上的农家都有自己的碾磨房。大集体时期，每个生产队也都有公用的石磨磨房。心灵手巧的河套农妇把原汁原味的石磨面粉和成面团，做成五花八门的面食，幸福的滋味便从舌尖传递到心里。河套面食中的名品"河套四碗面"，即河套焖面、河套臊子面、河套拉面和河套饸饹面，做工讲究，味美可口，早已成为远近闻名的地方美食。

饭之美者

油炸糕

黄米糕的制作过程是先将黄米磨成面,再做成糕。黄米糕具有"黄、软、筋、香"四大特点,种类有素糕和油炸糕两种。素糕不经过油炸这道工序,只需在做好后蘸上肉菜食用便已相当可口,即所谓"黄糕泡肉,吃个没够"。油炸糕的制作工序则比较讲究,临河的油炸糕具有个儿小、皮儿薄、花样多三个特点,馅的品种有豆馅、糖馅、菜馅三种。豆馅有小豆、豇豆、扁豆、芸豆四种;糖馅有红糖、白糖两种,另外各加青红丝、玫瑰、核桃仁、果脯等;菜馅有绿豆芽山药胡萝卜馅、酸白菜豆腐干山药馅、山药苦菜韭菜馅。无论是哪种馅的油糕,吃起来都是里香外脆,令人赞不绝口。

凉粉与面筋

凉粉在河套民间深受喜爱,是一款具有地方特色的小吃。

凉粉就制作原料而言,通常分为四种,分别是白面凉粉、玉米面凉粉、黄米面凉粉和粑粑凉粉。其中粑粑凉粉最具传统风味,其做法是将小米放在锅里熬煮,用柴火烧火,慢火熬制,直到将小米煮至稀烂。然后加入适当比例的蒿籽,当蒿籽发红时,即可舀到帘子上摊平晾凉。一层一层地摊晾,直到锅里的米粥舀尽为止。

粑粑凉粉呈金黄色,质地半透明,蒿籽均匀分布在其间。将凉粉卷成卷儿切成条,用汤汁调拌后即可食用,入口滑溜绵软、爽口细腻。农家主妇习惯将凉粉切好后用腌酸蔓菁的盐汤再加些简单的佐料拌着吃,这是地道的农家吃法。

黄米面凉粉的不同之处是要先将糜米用小石磨磨成面,然后再做成凉粉。制作方法差异较大的是白面凉粉,在熬煮之前有个洗面的工序,即通过水洗,将白面中的淀粉与纤维分离,分出来的纤维称"面筋",剩下的淀粉糊则作为熬煮凉粉的原料。白面凉粉呈银白色,夹在其间的黑色蒿籽粒粒分明,色味俱佳。

河套面筋是白面凉粉的延伸食品,但它以其独特的美味后来居上,成为河套名小吃的代表。

河套面筋的制作工艺共计四个环节,十六个步骤。

四个环节:和、洗、蒸、调。和,即和面,雅称"一团和气";洗,即淘洗,雅称"分阳分阴";蒸,即蒸腾,雅称"龙蒸虎变";调,即调拌,雅称"五味调和"。每一环节又分四步,共计十六步,合称"四环十六步"制作工艺。

第一个环节:一团和气,即和面。

取天地之精华,合阴阳为太一。第一步:选择优质高筋面粉。第二步:汲取甜口纯净井水。第三步:水面相和,面团软硬如擀饺子皮面一样。第四步:饧面,将和好的面团放置半小时,达到完全和合的状态。之后即可进入洗面环节。

第二个环节:分阳分阴,即洗面筋。辨脆韧以分离,生两仪于太极。第一步:将面团放在盆中,加入清水若干。第二步:在水中反复挤压面团,目的在于将面团中的淀粉淘出来。第三步:待清水淘洗到呈牛奶状糊糊时,将糊糊澄出另放。第四步:再加水至剩余面团所在容器,继续揉搓挤压。如此循环往复七至八遍,直至将面团中的淀粉洗净为止。

第三个环节:龙蒸虎变,即蒸腾。化虚无而清扬,存精华以可食。第一步:将澄出另放之糊糊静放七个小时,使淀粉沉淀,将上面的清水澄出。第二步:将沉淀部分搅拌均匀,状如稀粥,用勺舀入旋子内,放到烧开的水上,摇晃均匀。第三步:高温蒸馏约三分钟,取出;如此反复循环将酿皮全部蒸熟,晾凉。第四步:将分离出来的面筋块儿切成馒头大小,用蒸笼蒸熟(一小时左右)。

第四个环节:五味调和,即调面筋。调五味于舌尖,养体魄以康健。第一步:将酿皮切成条状,再将面筋切成四方块状,均放在碗中。

河套凉粉(一)

河套凉粉（二）

河套凉粉（三）

第二步：加入事先呛好的辣椒油。
第三步：加入醋、酱油等主味汤料。
第四步：加入各种配料，拌匀后即可食用。

河套面筋之所以闻名遐迩，其考究的制作工艺是其中的一个重要原因。而更深层次的原因应与河套地区的水土有关，正所谓"一方水土养一方人"。河套这片土地在古代时并不适宜种植粮食作物，因其"地固泽卤，不生五谷"，"边塞苦寒，土地卤瘠，俗贫难处"。直到中华人民共和国成立前后，这里的农田仍然不适宜种植小麦，而是以糜子为大宗。经过近半个世纪的耕作涵养，到20世纪80年代后期，小麦才开始普遍种植。土层深厚是古已有之，但地势平坦却是后来如此，至于包含氮磷钾等营养成分的土质，则是长期涵养的结果。河套地区引黄灌溉，水资源丰富，水质良好。此外，日照时间长，辐射强度大，田间经营管理日臻完善，都是河套小麦品质优良的保障。

河套面筋与河套酸粥、河套肉焙子、河套糖麻叶并称为"河套四小吃"，风味独特，人见人爱。

酸粥

酸粥是由河曲传到河套的。相传，河曲酸粥的由来纯属偶然。明朝末年，听闻李自成的起义大军进京将路过河曲，当地老百姓皆大喜，家家户户都泡米为大军士卒准备饭菜。谁知情况有变，起义大军临时改变路线，绕道而过。可河曲老百姓泡的米太多，一时半会儿吃不完，放的时间长了就发了酸，老百姓也舍不得扔掉，就将发了酸的米煮成粥吃，竟意外地发现这酸米煮的粥并不影响食用，后来人们便故意将米泡酸做粥食用。慢慢地人们发现这种酸粥还能开胃健脾、护肤美容，遂更加喜爱食用。

硬四盘

临河人喜吃"硬四盘"：一盘猪肉做的"扒条肉"，一盘羊肉做的"清真羊"，一盘鸡肉做的"酥鸡"，一盘牛肉做的"丸子"。

"扒条肉"的制作方法是将厚膘的肥肉切成方块儿煮熟，再切成半公分厚、两三寸长的片儿，放到盘内，上洒作料，用蒸锅蒸到绵软可口为止。"清真羊"的制作方法略同，只是作料有别。"酥鸡"是先将鸡蛋与面粉调成糊状，再将切成块儿的鸡肉用面糊包裹起来，放到油锅里炸干，再用蒸锅蒸熟。"丸子"是将牛肉切碎，与拌了调料的面粉和在一起，捏成元宵大小的圆球，用油炸熟。

如此，猪羊鸡牛齐全，蒸炸之法并用，吃来满口流香，待客也不失为上品。

手把肉

手把肉是牧民招待宾客的一道美食。牧民将宰杀后的牛、羊肉带骨分别卸成若干大块，放入锅内用清水煮。待煮至七八成熟时起锅盛于盘中，用蒙古刀割食。肉味鲜美可口，不膻不腻。

隆重的酒宴要上羊背子。羊背子又称"羊五叉"。五叉是蒙古语"全羊"的意思。蒙古族人食羊背子的历史由来已久。据《蒙古秘史》记载，成吉思汗定天下，大赏功臣，设全羊宴。羊背子是以肥硕的绵羯羊为料羊，将全羊从背上第七根肋骨至尾部割为一段，再将四肢、头、颈各卸成一块，总共7块，带尾入锅。

吃羊背子时，要先由有地位的尊者用蒙古刀从胸脯上拉下一条肉送给在座的人，然后才各自就座割食。

大烩菜

"猪肉烩菜粉条子，山药圪旦糕挠子，一挖一勺子。"这几句话是形容河套人的饮食之好的，一方面表明河套地方的富足，另一方面也表达了河套人民对此种饭食的喜爱。

大烩菜也叫"猪肉烩酸菜"。顾名思义，就是将猪肉和腌制的酸白菜烩在一起。其烹饪方法是先将现杀的猪肉切成手掌大小、手指薄厚的方块，放到猛火烧热的铁锅里爆炒，待将油炼出一半时，用大葱、大蒜、花椒、大料、干姜等作料和酱油炝锅，再加少许白水煮沸。随后将切碎的酸白菜放入锅内，再加粉条、豆腐、土豆几样副料，加温火煮烩。锅要大，时间要长，将一锅肉菜烩得绵软调和，满灶油香时即可出锅食用。

大烩菜里的肉块绵香不腻，酸菜和其他配料亦浓香满口，就着米饭、馒头食之，叫人大饱口福。

地方"小吃"

这里所说的地方"小吃"，不是哪位名厨大师制作出来的，而是直接从土地里长出来的食物。

当麦穗渐渐变成金黄色的时候，田间地头弥漫着小瓜子的郁郁浓香。

蛤蟆皮香瓜子抢先上了市，接着就是灯楼红香瓜子，因为赶得早而价格不菲。瓜车在城里的街巷停下，瓜的香味顺风飘十里，招来了一拨又一拨的老头老太太，手里牵着孙子外孙，猫着腰在瓜堆里挑过来拣过去，要通体软棉的，还要外形周正的。

夏收时节，豆角又成熟饱满地上市了。手推车、三轮车或四轮车的车厢里堆满了碧绿的豌豆角和大豆角，早上还是十块钱三斤，下午就降到十块钱五斤了。趁新鲜放到铁锅里一煮，二十分钟就可以出锅，直接用手捏起来吃，沙中带甜，还带着田间青草的清新。

黄棉杏也在这几天成熟，七分熟就赶紧摘下来卖，最好是当天摘下来就当天卖掉，否则会有烂掉的危险。后套人吃杏就像吃豆豆，一口一个，放到嘴里一抿，绵甜生津，顺口将杏核吐出。

早熟梨也开园了，绿里透黄，脆甜多汁，大方的主人索性叫人们直接进园子现摘现吃，体验一回孙悟空在蟠桃园摘仙桃的乐趣。

西瓜还是本地产的最好，这是后套人的共识。瓤口鲜红，甜而多汁，还不算稀奇；上好的西瓜是沙瓤，沙中带甜，入口即化。后套民间有"黄瓤为上"的说法，大概是因为红瓤多而黄瓤少的缘故，物以稀为贵嘛。瓜堆里挑瓜是个技术活儿，用手指弹一弹，再用手掌拍一拍，凭声音就可断定瓜的成色。将挑出来的瓜用指甲掐几个印儿，然后托在左手掌上，右手"啪"地一拍，西瓜就张开了嘴，瓤口好赖便一目了然。

苹果梨

"糖玉米,现掰现煮的糖玉米",卖玉米的骑辆自行车走街串巷,叫卖声是现成的录音,不紧不慢,优哉游哉。路上的行人随机停下来买一根打打牙祭,只需从兜里摸出一两元零钱即可,也是优哉游哉。倘是一大家子人都吃,就到集市上买一二十根生的。卖者熟练地把玉米棒子做去皮处理,只留下一两层薄皮,为的是煮的时候不走味。在锅里煮一刻钟到二十分钟,诱人的香味就从厨房飘出弥漫于客厅了。

中秋节前夕,沙果熟了。形状是苹果的缩小版,颜色黄里透红,价格很便宜,咬起来脆生生的。沙果也叫"酸果子",味道酸中带甜,略带苦涩。但就是那种酸涩的味道特别得出奇,叫人过口不忘,体验

早熟梨

深刻。头年吃的酸果子，来年想起来仍然回味无穷，以致看到卖酸果子的就不由自主地口舌生津。

苹果梨是后套的特产，是后套的水土与后套人的聪明才智巧妙结合的产物。苹果梨既有苹果的形状，又有梨子的味道，可谓是合二而一的典范。苹果梨比较晚熟，清冷的深秋为它注入更多的糖分。它的独特妙用是耐储存，放到窖里可以过冬，直到除夕夜还可以鲜鲜亮亮地摆上餐桌。

入冬以后，零碎小吃通常以炒瓜子为主，葵花子、西瓜子、葫芦子都有。嗑瓜子是有闲人士的嗜好，往往是一边嗑着一边闲聊，可以从后半晌嗑到前半夜，嗑下的瓜子皮能堆成一座小山。这也是后套人生活消闲的一个明证，有道是"六个月种田，四个月消闲，两个月过年"，这期间，瓜子着实帮了人们的大忙。

总之，后套的小吃不仅富足，而且极具特色。后套人的口福，也向来为外地人所艳羡。曾任巴彦淖尔盟委书记的李贵同志有句名言："后套这地方，种甚长甚，长甚甚好吃！"这位资深的老革命干部曾在后套地区工作生活多年，他的话是厚重的，也是充满感情色彩的。

经济作物
葵花

葵花又称向日葵，是河套农民喜种的经济作物。河套人播种葵花，照管葵花，收获葵花，享用葵花，

万亩葵园

成熟的葵盘

位于临河区经济技术开发区的内蒙古鲁花葵花仁油有限公司

葵花即以超群拔萃的姿态,在农田地里格外引人注目。放眼望去,到处是翠色,翠绿的秆,翠绿的叶,翠绿的葵盘。最数葵花开花季节,金灿灿的花瓣装饰着圆圆的花盘,朵朵艳丽,一眼望不到边的葵花荡一律是金黄色,一律朝着太阳开放,整个河套似乎成了一个金色的海洋,成群的麻雀在葵林里小憩,蜜蜂嗡嗡地叫着,忙着在花盘上采蜜。天南地北的养蜂人,不失时机地将自己的蜂箱安放到葵花地头。

夏秋之季,是河套农田最美丽的季节,而葵花在这美丽之中,更显绚烂婀娜,喜不自禁的农人在葵花地里转悠,一面赏心悦目,一面在心里编织着丰收的憧憬和希望。

葵花是上好的作物,花葵可食用、油葵可榨油。农人们将收获的葵花子大部分出卖后,准要留一部分供自家食用,平时作为方便的小吃,逢年过节或红白事宴时则用来招待客人。花盘粉碎后是有营养的饲料,可喂猪羊。葵花秆则被用作制造板材,物美价廉。

在农业产业化的进程中,葵花种植业已成为河套地区重要的支柱产业之一,成为农民的主要收入来源。葵花是河套的骄傲,也是临河人民的骄傲。

葵花不仅在河套的土地上扎了根,而且在河套人民的心里也生了根。

河套大地的肥田沃土适宜葵花的生长,单种、套种、垅种、点种、大片大片地种,只要下过种子的地方,葵花苗一准破土而出。葵花长得欢实,麦收季节还没到,遍地的

瓜果

苹果梨是河套的特产,兼具苹果的形状和梨的味道,故称之为苹果梨。河套苹果梨结果多,产量大,一棵果树可产果50多公斤。每到中秋时节,沉甸甸的果实便挂满枝头,滚圆黄亮,惹人眼馋。成熟的苹果梨色泽鲜亮,黄里透红,味道甘甜,口感脆爽。苹果梨耐贮藏,置于土窖过冬春两季而不腐烂、不失水,是一年四季招待宾客的佳品。

河套蜜瓜以磴口县华莱士和临河区厚皮甜瓜最为著名。华莱士蜜瓜产业化较早,每年的华莱士节都盛况空前。华莱士瓜形滚圆,小巧玲珑,瓜皮呈金黄色或黄绿色,也有人称其为黄金瓜。食之味甜爽口。临河区于20世纪80年代末开始引进黄河蜜瓜,90年代初引进新疆蜜瓜,目前已有西域、皇后、早黄蜜、金龙等5大系列30多个品种,种植面积达5.5万亩。其栽培形式有温室春提早、温室秋延后、中棚早熟等,全年生产,通年上市。

河套蜜瓜集香梨、苹果、蜜桃、香蕉等水果味道于一体,味道独特,入口绵甜,肉质鲜嫩,含糖量均在16%以上。1998年,临河市将河套产蜜瓜以"河套牌蜜瓜"为品牌名在国家商标局注册。

河套蜜瓜节是在临河区举办的大型区域性经贸文化活动,每年8月举行,有各界群众上万人参加。蜜瓜产品展销在我国西部地区规模最大的蔬菜瓜果批发市场——四季青市场举行。所展出的蜜瓜品种齐全,质量上乘,令观赏者大饱眼福和口福。市场深处是就地堆放的瓜堆,载满蜜瓜的四轮车、驴马车排成长阵。"参加河套蜜瓜节,无限商机等着您"的宣传语,表达了河套瓜农的共同心愿。

甜菜

甜菜是一种经济作物。临河地区无霜期短,积温较少,日照较长,昼夜温差较大,所产的甜菜单产和含糖率高且病害轻。

甜菜主根肥大,以楔形、圆锥形、纺锤形和锤形为主。块根分为根头、根茎和根体三部分。根头上部与根茎相接,根茎下端至主根直径1厘米处为根体,直径1厘米以下的称根尾。根体两侧各生有一条根沟,生长着大量须根。含糖量以根头为最低,根茎较高,根体最高。从根体横断面看,以中层含糖量最高,内层次之,外层最少。

临河人民在长期的甜菜种植实践中,总结出"甜菜丰产高糖生理栽培技术规程"。甜菜平均亩产可达3558公斤。

地方风物　乡村旅游

起猛攻，一举将城攻破。疲惫不堪的守城将士终因寡不敌众，全部被杀。只剩下黑将军一人守在城门，任凭元军万箭穿身，他始终怒目圆睁，站立不倒。元军以为这黑将军是刀枪不坏之身，待走到跟前看时，才知那将军已死，他的鲜血已流尽，浸红了脚下的黑土。

说也怪，被黑将军的鲜血浸染过的地方，一夜之间就长起一片高大的胡杨树。这种树耐盐碱，耐干旱，繁殖力极强。后来越长越多，星星点点地长遍了西北高原。当地百姓都称这种树为神树，相传这些神树"活着500年不死，死后500年不倒，倒下500年不烂"。

坚忍顽强的红柳

红柳又名柽柳，临河境内有多处村落或地方以红柳命名。

红柳茎皮呈红色，属于红柳科落叶小乔木或灌木，高度可达10米左右。红柳枝条细长，叶很小，密生，有极强的适应干旱环境的能力。叶呈小鳞片状，能够最大限度地减少水分蒸发。夏秋季开出小花，花色多，花期长，是蜜蜂采食的理想花源。红柳姿态美观，枝条呈紫红色或红棕色，但叶子青翠。每当穗花盛开之际，气味清香，红绿相映，婀娜娇艳，别具风致，因此又可作庭院与游园的观赏树种。

红柳耐干旱贫瘠，耐沙打风蚀，不怕沙埋、沙压，易繁殖成活，生

野生红柳

北退水壕的建议。这样做的结果是，冬季不用水时，黄河水由引水口进来，又从退水渠流入黄河，解决了引水口年年淤积、年年清捞的问题。到流水期，如进水闸的水不够用，就用跌埽棒的办法把退水口断面缩窄，使进水闸进水量增加。在引水口与黄河衔接处采用柴草跌埽的办法保持稳定，使之不能随意改变引水角度。永济管理局采纳了李好收的建议，投入大量人力、物力、财力加以治理，果然取得显著成效。1953年夏灌时，在黄河水量大跌的情况下，缠金渠的引水量占黄河用水量的百分之四十，不但解决了当时永济灌域的夏灌需水，黄济、丰济灌域还可从永济渠接水浇地。

在三盛公水利枢纽建成以前，各大干渠都从黄河直接开口引水，节制用水成为一大难题。李好收的第二大治水功劳就是发明了"草闸"，创造了"草木克水"的奇迹。仅在缠金渠上，李好收就筑起四座高质量的草闸。李好收经过反复研究，在柳木杆子表面用铅丝绑扎一层苴萁，将杆子之间的缝隙挤紧，经过浸泡杆子之间更加紧密，一举解决了闸门漏水的难题，又大大减少了泥土打坝所需的人力。

经过长期实践，李好收对黄河水的性能、缠金渠的流水规律以及打坝拦水的技巧都烂熟于心，成为河套地区无人不晓的治水能人。在设施简陋、管理粗放的情况下，渠道上经常发生决口事故，酿成大灾。而李好收管理的永济灌域多年来却是个例外。原因是哪里有决口，李好收就出现在哪里，决口很快就能堵住。久而久之，其他灌域发生决口时，也都请李好收在现场指挥。

1961年，三盛公水利枢纽黄河截流工程正在紧张实施，李好收奉命参加大河截流会战。截流遇到的第一个难题就是黄河流量大、流速高、冲刷力强。如何解决龙口河底和大坝龙口两端的冲淘，成为当时迫切需要解决的大难题。李好收根据以往的经验提出用埽棒铺底，再用铁丝笼装石头固定埽棒的办法，有效克服了大水冲淘的隐患。

埽棒护底的难题刚刚解决，大坝码头被冲毁的危险又摆在大家面前。由于黄河河面宽，采用铅丝拉拽的老办法无济于事，因铅丝拉得过长，拉力减小起不到固定埽棒的作用。就在大家都束手无策的时候，李好收提出用铅丝笼装石头代替铁锚在河里固定埽芯，在大坝西码头用埽棒护头向前推进的建议。这个建议提出后，许多人都认为不可行，担心埽棒被水冲走。指挥部经过慎重研究，决定实施李好收的建议，结果又一次取得成功。李好收的办法既节省了大量铅丝,又大大加快了大坝向前推进的速度,保证了大坝的如期合龙。

大坝合龙后,由于黄河水位高,风浪大,大坝冲淘严重。每天几千人运到坝上的土大部随水冲走,出现了"只见人抬土,不见坝增高"的局面,并且大坝随时有被淘垮的危险。李好收经过仔细观察,提出每加高一段堤坝就用柴草及时护面的办法防止冲淘,再次有效排除了隐患。在整个拦河闸大坝草土围堰施工结束后,指挥部对工程进行总结,仅李好收一人在大坝施工中提出的合理化建议和创造发明就达9项,节约柴草12.6万公斤、铅丝5000公斤。

1961年秋浇即将结束,大干渠需要关口,但永济进水闸的砼闸门还未安装。为了确保不出问题,永济局派李好收到总干二闸指导关闸工作。到了现场,李好收连饭都顾不上吃,带领工人就干了起来。他叫工人把松木杆子用铅丝密排绑扎,放入闸门槽中,顺利解决了拉闸问题。这一任务尚未结束,永济渠下游又打来电话,说决口多处,非李好收去不可。已劳累了一天一夜的李好收考虑到打决口是紧急任务,关系着人民生命财产的安全,就不顾劳累连夜骑自行车赶到百十里外的决口处,投入到打决口的战斗中。李好收脱掉外衣,跳入冰冷的水中和民工一道打桩、压柴草,一面指挥一面亲自干,直到堵住了决口才离开现场。

李好收就是这样,哪里需要就出现在那里,哪里有困难就出现在哪里,组织分配到哪里就奔向哪里,从不计较个人得失。对上级交给的任务从来都是积极热情地接受,耐心认真地完成。他的这种工作态度和作风受到人们的普遍赞美,党和人民也给予他很高的荣誉,他曾多次受到永济局、临河县、盟水利局、盟行署的表彰奖励。还曾光荣地出席内蒙古农牧业先进生产者代表大会,受到乌兰夫同志的接见,并合影留念。1964年10月17日,正值永济灌域秋浇阶段,李好收在永济一闸值班时,因急性心肌梗死突发,病逝在工作岗位上。去世时年仅53岁。李好收从年轻时投身水利事业,为河套的水利建设事业呕心沥血,兢兢业业干了一辈子,做了许多有益于国家、有益于人民、富有创造性的工作。河套人民记着李好收,亲切地称他为"河套水利土专家""草闸王"。

"草闸王"李好收治水用的柴草就是后套的哈茂、芨箕和红柳。

扫遍天下的芨芨

与白茨不同,芨芨是优良的牧草,牛、马、骆驼都很爱吃。民歌中"风吹草低见牛羊"的情景,就发生在芨芨林中。

芨芨具有粗而坚韧的须根,基部宿存枯萎的黄褐色叶鞘,挖掘出土的芨芨墩子夹泥带土,搅缠不清。枝秆直立,坚硬,内具白色的髓,形成大的密丛,高 50～250 厘米,径 3～5 毫米,节多聚于基部,平滑无毛。叶鞘无毛,具膜质边缘;叶舌三角形或尖披针形,长 1～2 米;叶片纵卷,质坚韧,上面脉纹凸起,微粗糙。开花时呈金字塔形展开,主轴平滑,分枝细弱,平展或斜向上升。穗长几毫米,灰绿色,成熟后常变草黄色。常生于微碱性的草滩及沙土山坡上,在河套地区广为分布。

芨芨、哈茂、红柳是后套三大天然植被,都具有改良碱地、保护渠道及保持水土的作用。在日常生活中,除早春幼嫩时作为牲畜良好的饲料外,芨芨叶浸水后韧性极大,还可做草绳。芨芨秆叶坚韧,长而光滑,为极有用之纤维植物,可供造纸及生产人造丝,又可编织各种器具,如盛东西的筐箩、拉土送粪的筐,因而长期为后套农民使用。临河人常用芨芨编制草帘,悬挂于门窗之上,遮挡蚊蝇又通风透气。最常见的用法是用来扎扫帚,民间有"芨芨扫帚扫遍天下"之语。

芨芨

青清湖旅游景区

青清湖旅游景区（原青春湖）位于临河城区西南3千米处，距北绕城线3.4千米，离临磴路仅600米，景区总占地面积600亩，湖水面积380亩，陆地面积220亩，湖水深度1～2.5米，建成了游泳场、茶吧、餐厅等休闲娱乐场所，可同时容纳500人就餐和同时接待游客2000人。

青清湖旅游景区包括餐饮住宿区、休闲娱乐区、林果采摘园、休闲垂钓区四个旅游功能区，是临河地区集观光农业、农家体验、休闲娱乐、住宿餐饮、养殖采摘于一体的旅游休闲胜地。青清湖旅游景区年接待游客10万人次，带动周边地区就业近百人。

"草青""水清"为青清湖最大亮点，为彰显"青""清"二字，故名"青清湖"。每逢夏秋之季，湖水掩映在一片翠绿之中，宛如一颗碧绿的翡翠；湖面微波荡漾，湖水清澈，鱼翔湖底，周围绿树环绕，是一座天然氧吧。湖中生长着草鱼、黑鱼、鲤鱼、白鲢等多种鱼类。湖东北、西北部为自然沙丘，南部为广阔的农田，邻近地区有现代化奶牛场，十分有利于开展农家乐旅游。

青清湖生态养殖园里的纯种肉牛肉质鲜嫩，湖里的各种鱼儿鲜活肥美，岸上的笨鸡自由觅食，鹅和鸭子悠然地捕捉湖里的小鱼虾。游客来此可以品尝正宗的当地美食，不仅新鲜绿色而且别具风味。就餐环境可以选择景色优美、清爽宜人的茅草亭，也可以选择舒适宽敞的贵宾间，还可以选择波光粼粼、视野开阔的湖上。

这里远离城市的喧嚣，草青水清，一派田园风光，是一个休闲度假的好去处！

四季青农业高科技生态园区

四季青农业高科技生态园区（以下简称"生态园区"）位于临河区干召庙镇民主村，地处临陕公路西侧，干乌公路交会处，距市区8千米，属于典型的城郊型经济区。其地理位置优越、土地肥沃、资源丰富、交通便利，对发展生态观光农业有着得天独厚的优势。

生态园区总面积3000余亩，其中挂果面积500余亩，自然小沙丘、小海子1000余亩，温室占地300余亩，可规划建设用地800余亩。

生态园区是临河区委、区政府社会主义新农村建设的重要组成部分，也是内蒙古自治区财政厅农业整合资金的重点项目区。建设和管理由内蒙古经纬建设集团和内蒙古四季青农业高科技有限公司负责，实行公司化运作方式，总投资9000万元，通过三年的建设规划，已累计投入资金5000万元,建成6500平方米的农民科技培训中心和120座温室、120座大棚,都已承包到农户,每座温室、大棚年收入可达2万元。

生态园区总体规划布局为"一园""三区""四个基地""六大产业"。"一园",即把生态园区建设成为规划科学、布局合理、门类齐全、功能完备、达到一流水准的园区;"三区",即高效设施农业示范区、园林景观区、标准化养殖区;"四个基地",即林果基地、保护地生产基地、畜禽养殖基地、农民科技培训基地;"六大产业",即林果产业、肉种畜禽产业、瘦肉型猪产业、水产垂钓产业、蔬菜花卉产业、观光旅游业。

高科技生态园区主要从事设施农业、林果、蔬菜、瓜类、花卉、渔业和畜禽养殖。生产以绿色无公害农畜产品为主,以绿色理念精准农业为主线,坚持绿色标准,打造绿色品牌,发展绿色产业,建设绿色基地,是集种植业、养殖业、林果业、水产业、观光旅游业于一体的生态园区。

酒庄老镇

酒庄老镇由乡村旧有居民区改造而成,是新时代美丽乡村建设的成果。老镇的建筑材料主要采用了富有民国特色的青砖。这些青砖无论是材质还是外表花纹,都非常有"历史范儿"。徜徉在小巷间,清一色的青砖墙面极具整体性,每一处排水井盖都刻有民国时期风格的花纹,可谓"步步有景,处处含意",稍微变换一下角度就可以看到不一样的景色。别具特色的醉翁亭,在

酒庄老镇

酒庄老镇内景

老镇内自成一景,让游客体验"醉翁之意不在酒,而在山水之间也"的乐趣。

老镇内设有综合服务区,为自驾车游客提供咨询、餐饮、购物、洗浴等服务。多功能住宿区包括已建成的木屋别墅区,同时设有大小、型号、设施完整程度各不相同的营位,游客可以在合适的地点自行安扎帐篷。夜间还有户外电影欣赏、木偶剧表演、儿童话剧表演、小型音乐会、面具晚会等活动项目。

酒庄老镇以观光休闲为主线,创新开发文化体验性项目,让游客可以吃河套农家菜、品河套农家茶、摘河套农家果、听河套民间曲、睡河套农家屋,展现河套农民乐悠然恬淡的生活状态。

酒庄老镇的建设不但带动了地区旅游产业的发展,而且也推动了餐饮、酒店、文化、交通、商贸等相关产业的发展。它就像一颗闪闪发亮的新星,正以其耀眼的光芒,成为临河地区文化旅游产业发展的新坐标。

富强村

富强村旅游示范点位于狼山镇富强村五组,在永济渠西、镜湖南岸、G6高速出口处,距离临河城区6千米,属于镜湖湿地水源地保护范围。

富强村立足生态特色,打造美丽乡村,是市、区两级乡村旅游示范点,也是黄河河套文化旅游区"三带五区"规划中镜湖休闲运动区的重要功能区。2015年10月正式开放运营,总投资3954万元,其中旅

富强村远景

游基础设施投资3300万元；村庄整治投资654万元，其中群众自筹198万元。村庄现已打造成集美食休闲、生态农业、果蔬采摘、民俗文化、飞行体验于一体的新型旅游观光地，也是临河区一处极具代表性的旅游业带动老百姓致富增收的乡村景区。2015年，富强村被国家旅游局评为"中国乡村旅游模范村"，被内蒙古自治区住房和城乡建设厅评为"美丽宜居村庄"和"美丽乡村"；2016，获评"中国十大最美乡村"。

民主村

民主村四组位于临河区干召庙镇。该组地理位置优越，以发展种植业和果林业为主。农户在自然沙

富强村内的骑行驿站

丘和果园中依势居住,房屋高低错落,果树相互掩映,有着"晚上不见灯光、白天不见村庄"的自然独特生活环境。

民主村四组以打造乡村旅游特色村为目标,根据村庄原有结构布局,因地制宜,合理规划新的功能分区,梳理道路、公共空间,改造提升房屋实用性、美观度,在保留村庄原有风貌的基础上,对村庄实

巴彦淖尔市 临河区

盛开的河套梨花

施了综合建设改造。新建日月湖、人工湖、孔子书院、5人制足球场、餐厅、酒吧、儿童游乐场、马厩等特色建筑和旅游服务设施,工程涉及房屋改造工程、给水工程、街巷硬化工程、电气工程、绿化美化工程,项目总投资7869万元,建成了"亭台楼榭绿树间、水系环绕通幽处"的特色村庄景观。村庄内农田、房屋、果园、花园、菜园、绿地、渠系自成一体，改造工程秉承改旧如旧、修新如旧的原则，展现了原汁原味的乡村风貌，营造了风景宜人、疏密有致、环境优美、富有特色的魅力村庄。

小桥流水人家，曲径篱笆果园，全部依村庄布局改造，人们出门便可见绿，满眼是景，缓步走入村中，仿佛置身"世外桃源"，人在景中，景在眼中，田园自然淳朴的气息扑面而来，内心也因此愈发宁静。整个村庄分为采风、随农、简居、原艺、顺养、乐学、野食、嘉礼八个板块，每个板块都有不同的功能和特点，集观光、体验、游玩、住宿、餐饮于一体，可满足不同年龄段、不同客户群体的各种需求，乡村生活方式与现代情感高度交流融合，将生产、生活和可持续发展有机组合，是休闲观光、快乐旅游、放松心灵的乡村田园驿站。

春季，果树枝条抽芽吐绿，花开溢香，可到农田里种一畦菜，跑马场里骑一回马；夏季，枝繁叶茂，蝶飞雀鸣，可信步于曲径小桥流水间，也可与亲朋好友在篝火旁尽情欢歌，或在酒吧肆意狂欢；秋季，果实成熟的香气溢满整个村庄，采摘、游玩不亦乐乎；冬季，火炉上的茶壶突突作响，一群人围坐在土炕上尝美食、品美酒、畅聊人生。

郝柳驹海子生态旅游景区

郝柳驹海子生态旅游景区位于临河区白脑包镇，是一处集农林种植、水产养殖、水域保护、生态农业开发、沙漠开发治理及旅游度假活动于一体的大型综合性开发区。项目建设主要包括餐饮住宿区、水产养殖区、水上娱乐区、生态农业区、沙漠探险区五大旅游功能区域，总投资1.8亿元，2010年9月开工建设，2012年底竣工。

景区水域面积有1300亩，是天然淡水湖，水质好、无污染，盛产多种鱼类，如草鱼、鲤鱼、鲶鱼、花鲢、白鲢、甲鱼、武昌鱼、黑鱼等，年产成鱼14.2万斤。湖的四周芦苇密布，白鹤、黑鹤、野鸭等候鸟在此栖息。游客漫步水边，便可遥看群鸟嬉戏、百鸟争鸣的热闹场景。整个景区蓝天碧草，水天一色，景色迷人，妙趣天成。

湖的东边有沙丘2000余亩，沙丘中有蛇鼠、野兔、野鸡、刺猬等动物，引得游人驻足观光，沙丘与西边的天然海子构成了"东沙西湖"的自然景观。这里的大漠风光十分独特，既有漫漫沙丘，沙丘间又有湖泊，所以在这里既可一睹"大漠孤烟直，长沙落日圆"的沙漠风采，又可以领略沙滩、湖泊、绿洲、红柳相生相伴的独特沙地景观。

河滨胜境　天人共创

HUASHUONEIMENGGUlinhequ

巴彦淖尔市　临河区

河滨胜境　天人共创
HEBINSHENGJINGTIANRENGONGCHUANG

临河区是镶嵌在河套平原上的一颗璀璨的明珠。临河区南临黄河，北倚阴山，京兰铁道大动脉东西横贯，是西北地区人流、物流、信息流的一大中心。城市建设日新月异，市容市貌整洁美观。境内有诸多名胜古迹，文化内涵丰富，颇具观赏价值。

高阙塞怀古

位于阴山山脉西段的高阙塞是中国古代著名的军事要塞之一。因其地理位置重要，又据险而设，因此受到历代王朝及军事家的重视，"常置重捍，以防塞道"。北魏地理学家郦道元在《水经注》中写道："长城之际，连山刺天，其山中断，两岸双阙，峨然云举，望若阙焉，即状表目，故有'高阙'之名也。"

从古镇陕坝向西北行，经太阳庙海子（古屠申泽），再西行数里，北折，沿一条新修的柏油路，穿过一片翠叶红枝的灌木滩，即可到达高阙塞前。举目而望，古高阙两峰并立，对称等高，雄奇险峻。两峰中间，好像山脉突然断裂一般，形成一道天然的石门。高阙两侧陡崖壁立，奇峰争高，山脉向东、西两侧延伸，其山势十分高危，猿猱愁攀。石门的前面是一块陡高的台地。登上高地，却见两阙中间是一段矮山，山体石怪岩奇，犬牙交错，给人以神鬼不察之感。矮山两侧是两道进山的入口，被山洪冲成平阔的沟槽，又在距沟口不远处会合；沿沟北上，可穿越阴山到达高原戈壁，即郦道元所谓"自阙北出荒中"。更为奇险的是，在沟的半道，有一同样宽阔的支沟从西南来会，其南口筑有著名的汉代军事要塞鸡鹿塞。鸡鹿塞与高阙塞相距数十里，遥相呼应，在防守上可互为犄角。

《水经注》云："阙口有城，跨山结局，谓之'高阙戍'。自古迄今，常置重捍，以防塞道。"郦道元是地理学家，也是文学大家，他对高阙塞的描述可谓鲜明生动、形神俱现。寥寥数语，便将高阙塞之高、之奇、之险、之重要道尽，直使前无古人，后无来者。郦道元记述中的阙口之"城"，现仍留有残墙破壁，但城的基础规制保留完好。底座为长方形,垒石而成;南北两城相连,南城略大。城的西南侧是高高低低的山梁台地,当是废弃多年的古城堡遗址;其北一道东西走向的长城遗址依稀可见,专家指为"边墙"。总之,此处乃天然的军事要冲,是个"一夫当关,万夫莫开"的险要地方。古人在此设防,深具慧眼。

阴山南北自古就是边疆民族与中原王朝拼死争夺的战场。商朝后期,北方少数民族陆续登上政治舞台。《易经》有"震用伐鬼方,三年,有赏于大国"的记载,表明早在商朝时期,此地的战事就已旷日持久。周朝建立以后,又有穆王伐犬戎、宣王征猃狁等大规模战事发生。在周王朝看来,"狄,豺狼之德也"。"狄,封豕豺狼也,不可厌也。""夫三军之所寻,将蛮、夷、戎、狄之骄逸不虔,于是乎致武。"《国语·周语上》载,居住在西北地区的犬戎,因不堪周朝强加于他们的贡纳负担,而奋起反抗。周穆王发大军征讨,"得四白狼、四白鹿以归"。犬戎逃往今五原一带,在此后相当长一段时间内不向周朝跪拜称臣。周宣王时,猃狁与犬戎为邻,为西戎三大族支之一。宣王派大将南仲率军至朔方筑城防守,并进攻猃狁,结果斩首五百,俘获五十。

《小雅·出车》写道:"王命南仲,往城于方。出车彭彭,旌旂央央。天子命我,城彼朔方。赫赫南仲,猃狁于襄……春日迟迟,卉木萋萋。仓庚喈喈,采蘩祁祁。执讯获丑,薄言还归。赫赫南仲,猃狁于夷。"另一支周军由多友率领与猃狁接战,杀敌三百余,获车一百多辆。

驻足高阙塞上瞭望,平阔的原野莽莽苍苍。西汉时期,汉王朝从内地迁入大量人口,在这里屯军垦殖。考古表明,山前开阔的平原之地,现仍有汉代设置的临戎、窳浑、三封三座古城遗址留存,证明这一带曾进行过大规模的农业开发。当时,这里"人民炽盛,牛马布野",一派繁荣富庶的景象。在古城的附近发现了大量的汉代古墓群,出土文物中有储藏粮食的器具和盛酒的酒器,更表明这可上溯一千多年的农垦区当年的繁盛。史载,汉代朔方郡所产的粮食除自给外,尚有大量的余粮可供给归附的南匈奴部族。遗憾的是,由于朝代更迭,战乱频仍,不知从什么时候起,这一带的良田沃野变成了风沙肆虐的戈壁。

河套地区是中华农牧业文明的发祥地之一。古河套地势广袤,土壤肥沃,牧草丰饶,湖泊遍布,又有黄河穿行而过、绕原而流,自古以来就是多个民族生息繁衍之地。

随着大规模的农业开发,到了近代,河套更成为四方民众心向往之的美好家园。人们不惜远涉大川,扶老携幼或独雁孤鸿至此谋生。一旦踏进这片肥田沃土,就再也不想离开,只想世世代代居住在这里。正如《临河县志》序中所写"中国之富源在西北,西北之富源在河套,河套之上游在临河。"

高阙塞为战国时赵武灵王所筑。赵武灵王是古代著名军事改革家,他力排众议推行"胡服骑射",使原本弱小的赵国迅速成为军事强国。他曾一度北击楼兰,西并白羊,使河套地区纳入赵国版图,"自代并阴山下,至高阙为塞"。赵武灵王之所以在此处筑要塞,派重兵防守,是因为这里北控大漠,西连甘凉,东接包绥,南望中原。从军事上看,此地乃西北边防之要冲。而高阙本身所具有的险要地势,也必然使之成为兵家必争之地。高阙北靠阴山山脉,千山万壑连绵起伏,是平原与大漠之间的天然屏障;而它的脚下,则是波涛汹涌的黄河天险。"河水又北迤西,溢于窳浑县故城东。……其水积为屠申泽,泽东西百二十里。……屈从县北东流,河水又屈而向东流,为北河。……东径高阙南。""(河水)至高阙以东,夹山带河,阴山以往,皆北假也。"(《水经注》)

高阙塞自赵武灵王筑成后,一直为历代王朝所重用。秦始皇统一六国后,"使蒙恬渡河取高阙、阳山、北假中,筑亭障以逐戎人"。秦王朝灭亡后,匈奴再度南下,"复稍度河南,与中国界于故塞",高阙塞反为匈奴所据。西汉时,汉武大帝一展雄才大略,三战匈奴,大获全胜。"卫青复出云中以西至陇西,击胡之楼烦、白羊王于河南,得胡首虏数千,牛羊百余万。于是汉遂取河南地,筑朔方,复缮故秦时蒙恬所为塞,因河为固。"(《史记·匈奴列传》)在此后上千年的军事战争与王朝更迭中,高阙塞一直为各个军事集团反复争夺,塞上烽火狼烟不息,征战杀伐惨烈。

古人一首《登高阙塞》可视作其军事要冲的佐证,诗云:

立扼单于吭,坐系白羊颈。
汉农重边防,龙方高阙拥。
雪花满刀弓,高阙孔道冲。
为争国际位,百战足言功。
莫道阴山险,天然辟石门。
黄流东折处,秦汉战云屯。

由于自然环境的变迁,当年作为黄河主流的北河已经断流一百多年,原本水域辽阔的屠申泽也因失去水源补给而消失,烽火连天狼烟不息的时代虽已一去不返,但高阙塞的雄姿却依然如故,古战场上腥风血雨的呼啸与鏖战杀伐的拼死呐喊仿佛还回响在耳畔。阴山山脉以其永恒之精神将人类社会壮怀激烈的如烟往事传承下来,直到永远。

强家油房

河套地区早期开办的商号之一——"强家油房",初建于清光绪年间,经营碾米、磨面、榨油、制粉(条)等业务,供应蒙汉人民日常所需。撰写于民国年间的《临河风土志》上载:"临河县城原名强家油房,十年前系一山村,住户仅强姓一家,素操油业,以是人呼之为强家油房。"

临河产胡麻,胡麻子是榨胡油的原料,应运而生的油房是当时临河地方特色产业之一。

生产胡油的传统方法是:先将胡麻子磨成末,制作成厚大的圆饼,晾干后再用大石碾碾碎,放到锅里蒸馏、挤压,油液就这样一滴一滴地分离出来。胡油是临河人民喜食的食用油之一,无论米面主食还是蔬菜副食,一旦加入胡油,就会变成美味佳肴。榨过油的油渣也可作为食物的拌料,儿童最喜食用。

1923年,冯玉祥将军兼任西北边防督办时,在强家油房设立兵站,供应西进过路官兵的军需。强家油房成为可与陕坝、蛮会相媲美的繁华小镇,县内副食糕点、中西药品、书籍文具、理发照相、缝纫钟表、饭店茶馆等应有尽有。米面加工是当时最当紧的大事,于是成片的碾磨房成为镇上的一道景观。"民十四西北军驻绥,萧振瀛氏设治于临河,辟划城垣,修筑县府、马路,强令四董事(杨李傅汪)赶修城围,入冬工竣。十五年春,正街商号建筑齐全,工程亦多巍峨,俨然一小市场。"(《临河风土志》)

临河设县之初,碾磨房是县城的一道风景,全县计有四十余户,加工面粉或米粒。拉碾子的牲畜通常要蒙上眼睛,这有两层用意:一是防止驴马偷吃米面,二是干起活来老实驯顺。主人一面吆喝牲畜,一面不停地将碾散的谷物重新聚拢,或给磨的露眼添加原料,使其不致间断。米面碾磨是个慢工,三五斗粮食往往要去半天时间。牲口慢悠悠地走,主人则打着口哨或哼着小曲儿,悠然自得地干着手头的活儿。俗话说"老驴上磨屎尿多",侍弄谷米的主人须不时地停下手来,收拾驴马拉下的屎尿。磨道要干干净净,不然会扬起粉尘弄脏米面,或将拉碾磨的牲口滑倒。

碾磨房的生产方式多为单双套,即单马每日加工小麦120斤,产面104斤,产麸皮16斤。双马则加倍。如改加糜子,双马每日加工糜子900

斤，产糜米630斤，产粗细糠270斤。单马则减半。碾磨房的经营性质一般分为三种：一是来料加工，即顾客以小麦向碾磨房兑换面粉，每百斤可换73斤，不再付加工费。二是自备料加工，即自购小麦加工面粉，可在市场自由出售。三是顾客向碾磨房预付款买米面或用料兑换，货物暂不一次取清，而是随用随取，但碾磨房必须具备极高的信誉，顾客信得过方能成交。

1925年，临河设治局设立，萧振瀛任局长。他上任后着手在强家油房基础上修筑临河城。"民十六冬石匪鼠扰，后赵青山率众劫攻，城几失陷，商多停业。民十九年春永济渠泛滥，城遭淹没，县府以西之商号咸倒闭，迄今萧条异常。城内住户百数十家，院多无墙门，房屋零落，登城俯视，宛若棋子。东关较热闹，两旁商号，布伏席片，高架铺前，添加风光不少。街头巷尾，堆置硬材竹机，售者高声叫卖。烟馆多如粪蛆，三家一个红灯笼（标志），五家一个清水净烟小牌。死焰臭气刺得脑子疼，尘土挡得眼也睁不开。看不完的明妓暗娼，满耳听得尽免去二的赌声，风味别致。"（《临河风土志》）

1937年，绥包沦陷于日寇之手，难民大批逃来河套，分散在陕坝、临河等地居住，失掉防地的部队也退至此地。临河人口骤增，油房与碾磨房的加工量明显赶不上军需民食的供应。傅作义将军知道后，火速命绥远省银行陕坝分行临河支行发放加工贷款，凡新开张的碾磨房或原有的碾磨房有扩大业务条件的都可申请贷款。还发动有碾磨房的农村大户分担加工任务，这样才解决了粮食加工问题，军民皆大欢喜。

如今的临河城已经成为巴彦淖尔市人民政府所在地，是镶嵌在河套平原上的一颗璀璨的明珠。临河城坐落在河套平原的西南部，南临黄河，北倚阴山，京兰铁道东西横贯。

临河区全景

临河城区

临河区夜景

它既是东西南北通行的要冲,又是西北地区人流、物流、信息流的一大中心。

甘露寺

位于临河区新华镇哈达淖尔村的常素庙是当地影响较大的佛教寺庙之一,每年都会举行规模较大的庙会,届时四方僧侣云集,信教群众纷纷前来烧香祈福。

常素庙的僧人常年持斋吃素,不吃荤腥。此庙始建于民国年间,近年有了较大发展,庙宇翻修一新。整体建筑坐北朝南,建有天王殿、大雄宝殿、钟鼓二楼、僧房、斋堂、碾房等。主殿坐落在正北,左右为对称性建筑。殿宇气势雄伟,雕梁画栋,环境清幽。寺内常年有僧人管理,香火旺盛。

1929年春,本地农民裴金锥(法名寂成)返回故里礼佛。一日,寂成信步来到哈达淖尔村附近的草滩,偶见一条白蛇将一只野兔紧紧缠住,想起古人"蛇盘兔,必定富"的说法,心中断定此处乃吉祥之地,便自开了几亩薄田,种了些蔬菜谷物,在此处定居下来。寂成自己动手挖了三个洞,用泥巴塑了三尊佛像供奉起来,每日烧香扣首。他几经寒暑,历尽艰辛,积攒了些积蓄,便于1933年请了工匠建起三座佛殿与几间瓦房,里面供奉精雕细刻的观音、佛陀和普贤。

1934年后套大旱,据说寂成和尚端坐法台诵经三日,求得菩萨显灵,普降甘露。自此庙宇改名为"甘露寺"。甘露寺的神话转眼间

甘露寺玄门

就传遍了四面八方，人们纷纷前来观光游玩、顶礼膜拜。僧人纳徒传教，每日诵经述道，徒众很快发展到二三百人。僧人又在门口垒起一座香炉，供来人焚香磕头，念经许愿。甘露寺的香火渐渐旺了起来。

寂成和尚于1935年云游出走，其师弟觉满任住持。"文革"期间，寺庙被拆除。1983年佛事活动恢复，寺庙得以重建，1996年寺庙恢复甘露寺原名。经过几代僧人的营建，目前甘露寺已成为内蒙古西部地区规模最大的汉传佛教圣地。

班禅召

班禅召又名"法佑寺"，一说建于元元统二年（1334年），最初落成于伊克昭盟（今鄂尔多斯市）鄂托克旗的百眼窑，创始人是西藏高僧纳旺班禅，因而得名"班禅召"。

明弘治元年（1488年），班禅召迁到河套，在黄河北岸塔尔湾重新建庙，但被洪水冲毁。清康熙年间，由依勒贺宝格达喇嘛迁至今乌兰图克镇重建，于康熙二十三年（1684年）落成。此次建筑规模宏大，由大殿、脑包、经堂、塔林等建筑组成。正殿称"麦达尔大殿"，阔36间，高10丈。殿正门上挂康熙皇帝赠送的金匾一块，匾高5尺，宽6尺，上面用汉、满、蒙古、藏四种文字写着"法佑寺"三字，匾的周围缠9条金龙，并雕有康熙的金印。

改革开放以来，班禅召由现任召庙大喇嘛脑日布的父亲重建，建起主殿一座。脑日布在此基础上又建起六座大殿。召庙大殿巍然矗立，庄严肃穆，向人们昭示着它六百多年的兴衰历史。

班禅召以普度众生、广结善缘为宗旨，每年四月初一举办嘛呢会，五月二十二举办祭敖包和放生活动。碧波荡漾的班禅召海子位于庙区北侧，四周碧草和芦苇郁郁葱葱，僧人信徒们在这里放生祈福。每年十月二十五举办纪念宗喀巴大师的纪念法会。

2015年，召庙管理委员会举办蒙古文诵经培训会，有各地喇嘛二十多人参加。自此，班禅召由藏文诵经改为蒙古文诵经。

百川堡

"九一八事变"后，日本侵略者向华北地区蚕食。国难当头，太原绥靖公署主任阎锡山为积蓄力量、抗击日寇，提出"屯垦西北，造产救国"的主张。阎锡山看到河套地方土地肥沃又地处边远，便想把河套地区作为扩充实力、就虚避实的后方基地，于是划拨部分官兵进入河套屯田。

1932年以后，河套屯垦区共建起17处新村。以一个营另附一个连建成新村的有临河祥泰裕的宪智乡，以一个营另附两个连建成新村的有五原仁宝圪旦的敬生乡、临河八岱滩的宪盛乡，以一个营另附三个连建成新村的有五原新公中的负暄乡、刘蛇圪堵的折桂乡、南牛犋的觉民乡，以一个营另附四个连建成新村的有五原西70里呼苏图的良忱乡。各新村的建筑形式统一为：村公所（乡）建于中心，四周为房舍、仓库、栅栏等。每排房屋的四面筑城堡、挖壕沟，四角筑炮台，用以自卫。

为了纪念屯垦实边政策的施行，屯垦军官们在早已破落的祥泰魁商号东侧（今新华镇）修建了一座高5米的城堡，命名为"百川堡"。百川堡建成于1935年，堡内有砖瓦房百余间，花卉室、温室各一所。城垣四周和马路两旁都栽种杨柳树。堡内有办公室、会议室、库房、食堂、宿舍等设施。因阎锡山字"百川"，故以此命名。同时，又将西距10公里的祥泰裕（今狼山镇）更名为"永安堡"，寓意永远昌盛、长治久安。在确定"永安堡"名称之前，曾以王靖国（阎锡山的得力干将，第70师师长）的字（治安）取名为"治安堡"，但王靖国为了防止引起阎锡山的忌妒，便将"治"字改成"永"字，以示对阎锡山的尊敬。

百川堡除村公所、学校、医院等设施外，还有一座百川公园。

百川公园位于堡子中心，占地面积17亩。公园内的道路是按"百""川"二字设计修建的，以纪念阎锡山在此地兴办屯垦。公园旁还有一座图书馆，藏书颇多，供官兵借阅。堡子外有东西南北四条大马路。路旁商铺林立，是周围数十里的贸易中心。

1939年春，傅作义将军率部进驻后套，为统一思想认识，坚定抗战必胜的信念，在百川堡召开了著名的"抗战建国讨论会"。此次会议统一了思想，鼓舞了斗志，为抗战取得胜利奠定了思想基础。实行新县制后，临河县第二区公署驻扎于此，后改名新华镇至今。

园子渠码头

河套航运的历史可以上溯到一千多年前。《魏书·刁雍传》记载：北魏太平真君七年（446年），刁雍奉诏从薄骨律镇运送50万斛谷子到沃野镇，采用的就是黄河水运之法。

清代以后，后套十大干渠贯通后套平原，船运四通八达，有力地促进了一向闭塞的后套地区的交通运输事业。河套航运船只顺流而下可到包头、托克托县河口和山西河曲，逆流而上可达河拐子、石嘴山、平罗、横城等地。

黄济渠的园子渠桥头是后套最

早兴起的一个泊船码头，修建于光绪二十六年（1900年）。园子渠码头位于黄济渠中游，距黄河30多千米，离临河约20千米，距离陕坝不到3千米。夏秋通航季节，船筏停泊两岸者达300多只。远远望去，码头帆杆林立，炊烟四起；近则人头攒动，货物堆积，很是热闹繁华。

大木船有东船与西船之分。东船又叫"七板船"，一般用七块柳木板拼合而成，船分三舱、舱头等部分，尾长10米以上，中部宽8.1米，船高2.3米。因制作简陋，运转极为不便。东船吃水深1.2米，顺水行时可载重15～20吨，逆水行时不得超过10吨。每船配船工5人，其中1人掌舵（俗称"老艄"），余下4人顺水行时摇桨，逆水行时拉纤。西船又叫"高帮船"，两头呈尖形，船头宽1米，中部宽5.5米，全长12～14米，吃水深1.6米左右，平底。多用柳木板钉成，船舱比东船小，下行可载15吨，上行时载重则超过东船。每船配有船工6人，其中艄公1人，5人摇桨或拉纤。

民间所用船只一般叫"筏"，有皮筏和木筏两种。皮筏用整张牛皮以绳套连贯而成，皮面涂油使之保持柔软，每只筏需用80～120张牛皮或羊皮，由四排组成，小的则减少皮张。这种皮筏用船工4～6人或3～12人。一般载运皮毛、药材、水烟等，因此也称"毛筏"，多往来于狭窄河道。木筏多由青海地区黄河两岸盛产的木材制成，航行于包头、河套地区，筏子大小视木材的规格而定，一般为长10～20米，宽7米，时称"河套筏"。

大木船逆水而行时使用骡马在河两岸拉船，有时也用人工拉纤。船长站立船头，一面为航船掌舵，一面指挥拉纤队伍与之相互照应，协调用力，以便运船稳健行进。

临河城西的马道桥也是当时繁华的码头之一。此码头位于永济渠上游，距河口15千米，紧靠临河城，是河套中南部的水运交通枢纽。通航期船筏停泊码头，数量往往在百只以上。

黄河看流凌

2006年12月8日上午9时许，天色一派灰暗，太阳板着一副冷冰冰的面孔，朦朦胧胧地在云雾中挣扎穿行。天风飘动，将逼人的寒气挥洒于空中，北方隆冬的凛冽之气霎时铺天盖地。

到了黄河边上，却见河面上流凌浮动，穿行如梭，景色十分壮观。宽阔而不规则的河床畔已封冻，远近浅滩上的坚冰厚实而平滑，只有巨蟒似的中流还在奔流不息，而所谓冰凌就漂浮于这中泓急流之上。

乍看流凌浮冰，犹如一只巨大的木筏滑行如飞而又十分平稳，又如平铺的棉絮覆盖于九曲河道之上。细一看，原来那流凌是由无数的浮冰拼接而成，前后相继，并速而行。浮冰有大有小，形状各异。条形的似剑，圆形的如盘，而多数则奇奇怪怪难以名状。

前些时河水淘岸形成的河湾，此时成为一个浮冰的回旋之处，流凌较别处聚集得格外稠密。浮冰下的水头仍然朝着河湾冲击，受阻后反向绕了个大弯又向下游滚滚而去。浮冰在湾里相互撞击挤压，发出嘎吱吱的声响。岸台虽然封冻，但淘岸仍未结束，距水流两米多的岸上，有一条寸把宽的裂缝，裂缝以内的岸台已微微向下倾斜。只是那汹涌的河水被浮冰罩着，看不到它本来的面目。

河面上的风肆虐不羁，凌厉如刀。不到半小时，相约同去的友人就耐不住寒冷，叫苦不迭。匆忙拍了十几幅照片，驱车而回。当照片呈现于电脑屏幕上再细细看时，才发现那流凌的景观还有许多动人之处。浮冰上下之间，重重叠叠可以分出许多层次。高者像一座座小山，玉石累累；低者半潜水中又像滑行的舰艇，而舰艇上面承载着巡逻的水兵以及形形色色的装备。浮冰之

间依然暴露的水面，呈现着浑浊的红黄之色，证明着黄河奔腾不息的本性和抗拒严寒的巨大热情。液态的水与固态的冰，界限分明而又同流并行，相互交融而又动静有常，如此奇特的画面唯黄河可观。

12月10日，再上黄河，流凌满河，而晴空万里。看那流凌，比前日厚积许多，密密麻麻地漂流在河中。不远处，河心浅滩上几个醒目的白点吸引了我们的目光，一时辨不清是何物。但不久就有一物展翅翱翔，才知那白点原来是硕大的飞鸟——白天鹅，四五只蹲在一处栖息。与天鹅做伴的，是一群橘红色的水鸟，木偶似的一动不动。隆冬里看到这许多水鸟，是一个奇迹，给冬天的黄河平添了几分生气。

先前飞起来的那只天鹅，落在了离我们更近的冰凌上，做黄河漂流游，白羽红冠，颈项弯而细长，在东西百米的河道上打了两个来回，又飞回了鸟群。

北岸河水淘下的圆湾，此时成了黄河主流的回水湾。满满一湾冰凌借着湍急的水势，在湾里作圆周样的旋转，从上游漂来的流凌，在湾里反向旋转一周后，又转出河湾向下游漂去。站在岸边，直觉天旋地转，好像岸台在脚下转动似的。倘若此刻在此处研究大陆漂移学说，

定然会获得奇妙的灵感。沿河岸结成的坚冰,与旋转的冰凌对抗着,却被打磨成光滑的圆弧,沿边隆起一道道冰的碎末。冰与冰的相互冲击,原也是实力的较量,不时发出"铿铿嚓嚓"的钝响。

在河边逗留一个小时,气温转暖,冰凌在片刻间大量融解。大块儿的流冰被挤碎,撞裂,削减,河面上又出现了水冰争游的景观。顺流向下游瞭望,河面开阔,在阳光洒照下熠熠生辉。冰凌星星点点,犹如百舸争流,洋洋洒洒。

黄河临河段的流凌景观,每年出现两次,冬季在黄河封冻之时,春季在黄河开河之前。由于黄河宁夏段与临河段所处纬度的明显差异,致使临河段封冻早而开河晚,上游来水冲击冰凌形成流凌大观。流凌过后,往往在河道弯曲处涌起冰坝,而冰坝则是造成河水泛滥成灾的隐患。1951年3月,黄河在宁绥交界的渡口堂以南烂营盘附近隆起一道冰坝。冰坝阻水,河水横溢,千米堤防被黄河水冲毁。当时还隶属宁夏的磴口县第二、三、四区和绥远省米仓县第三区南部,顷刻间变成一片汪洋,民房和耕地尽成泽国。当此之时,黄杨闸工程处立即将预先准备的三门迫击炮全部调出,组织炮兵和工程队职工前往抢险。经过6个小时的炮击,冰坝被炸开,黄河水顺流而下。3月24日,河道中的冰凌又开始堆积,越积越多,

天鹅与流凌

在薛成渠口又形成一道冰坝。黄河水没了去路,水位猛涨,冲毁张河圪堵附近的河堤,分三面向黄杨闸及后套各干渠逼来。黄河水挟着冰凌,来势越来越猛,很快又在临河马道桥以南的召炮滩和台儿湾处结起数道冰坝。河水越涨越高,马道桥和黄济渠一带渠背和河堤决口多处。

面对险情,防凌军民毫无畏惧,纷纷上堤抢险。临河县17名妇女组成的女子抢险队,在一天之内完成了17丈长、4尺高的渠背加高工程。3月25日,乌拉河口又发生险情,溃堤的洪水和薛成渠的洪水汇在一处,把黄杨闸四面包围,致使人员被困,路桥被毁,交通中断。面对越来越严峻的险情,1500多名群众前来救援,省水利局船队也组织破冰队配合群众敲打冰坝。直到31日,黄河干流和各渠大小决口70多次,使米仓县13个村庄和后套27606亩耕地被淹,受灾人口达2450人。

危急关头,中央人民政府派来飞机助战。省水利局技术人员和炮兵战士冒着生命危险在冰坝附近安放黄色炸药,与飞机、轰炸机配合炸冰坝。从4月1日到7日,飞机共起飞炸冰65架次,投掷了大量的炸弹和炮弹,随着轰隆隆的爆炸声响,一道道冰坝土崩瓦解。黄河顺利开通,连续奋战13个昼夜的防凌抢险胜利结束。

三盛公水利枢纽建成后,凌汛险情得到根本控制,特别是黄河拦河大坝的加高加固,有效抑制了泛滥的河水。银川、兰州一带各峡口也陆续建起了控水枢纽,从整体上实现了河水的适时调节,流凌冰坝造成的连天

巴彦淖尔市 临河区

水灾已成为历史。但责任重于泰山,防凌防汛工作一直以来都是各级人民政府的一件大事。每到凌汛期,各有关部门都要积极备战,随时准备迎接意想不到的险情。

黄河日出

看泰山日出是一大盛事,可惜笔者至今无福消受;长江日出也只在文章里看过,虽然神往,但脑中影像总是不够清晰。最好且有感觉者,还是家乡的日出,更贴近生活,也更看得真切。

黄河上的日出,是靓丽的一景:当火红的太阳漂出水面时,好像在

黄河日出

随着波浪晃动,轻盈得犹如大红灯笼;而在灯笼的圆体下方,由于水的映照,刚好划成一条金亮的横线,横线与它上方的"日"构成一个完整的"旦"字,中国象形字的创造由此可见一斑。但当愈加浑圆的太阳完全跳出水面,它的光焰便渐渐在河上铺上一层金子,熠熠然灿烂无比。

至于平原上的日出,乡下的农人最有深厚感触,他们比太阳起得更早,看日出几成家常便饭。但平原日出最好是在运动中看,骑车飞行或乘马疾驰,不是迎着太阳,而是南北与太阳并行。这时,初升的太阳就像一个滚动的轮子,感觉似在与人车赛跑,穿过树林,越过村庄,始终与你并驾齐驱,不超前也不怠慢。太阳的形体硕大而红润,仿佛就在你近旁,伸手可触。

广场上与公园里所见到的日出,则又是一番情景。太阳为建筑物所遮挡,几乎看不到它本来的样子,光芒从房屋与树林的空隙照射下来,形成一束束刺眼的金线,光束挥洒着,直射着,直射而又折射着,光与影的交响刚劲、奔放。这时,园内湖面的景色也极不寻常。建筑物的倒影映照在水里,形成一道道黑色的剪影,影子经过成倍地放大,延伸到湖的对岸。树影、花影则洒脱飘逸,在水中倒长着,棵棵清晰,亭亭玉立,枝叶更加水灵。假山的倒影一如海底的珊瑚,随着水的波动扭曲着身姿,柔软圆润得可爱。

倘若住在山里过夜,看日出便是件奢侈的事。当太阳照临山里人家院落的时候,早已失去初生时的鲜亮,已经成为光焰无际的日中之阳。早起的牧人吆喝着羊群出圈,然后便蹲在向阳的山坡晒艳阳,羊群自个儿知道游走到哪里觅食。巴音乌拉的太阳山,山顶如同初升的半个太阳,太阳从山的背后升起来,与太阳山相互重叠,古代的牧人便以为山就是太阳神的化身。匈奴族人有早上拜太阳的习俗,族人聚在一起,面对"太阳神",将斟满马奶酒的银碗高高举过头顶,口中念念有词,然后将美酒洒向天空。

看日出是与天地万物的共享之举,也是一种圣洁的灌顶洗浴。身体浸入朝阳,可得皮肤之保健;眼睛与朝霞对接,顿觉精神焕发;心灵感受光的照临,可确保一整天的阳光心态。更何况日出在大河之上、平原旷野与森林般矗立的城市楼群之间。后套平原,阳光辉煌灿烂,不仅光照时间长,而且晴朗的天气多,也少有雾霾的遮蔽,是后套人的天赐之福。后套的日出,之所以没有泰山、长江日出那样有名,只是因为后套地方的日出见得太多,人们习以为常罢了。

黄河度假村

过了总干渠再往南走,沿着直南直北的一条柏油路可直达黄河大堤。沿大堤徒步西行,一路上蓝天、白云,徐徐而来的清风和湿润的空气,可一洗城市的喧嚣、烦躁,令人通体清爽舒畅。紧靠大堤的北缘,有一条与大堤东西并行的干渠,渠道笔直,两岸生长着茂盛的护岸杨柳。行走之间,你可以从容地对设在干渠上的控水工程进行考察,如钢筋混凝土筑成的闸墩,水泥或钢板制成的插板。与干渠相接的斗渠将河水引入农田。大堤以外的农田通常称为"老滩地",与大堤以内的"河滩地"相对应。而在大堤的左侧,每隔一段就设有一条伸向河滩的控水堤防工程,土筑而成,顶端包着石料。这些堤防土坝可以改变黄河水的流向,使之不致向北冲淘,冲毁大堤。

这样从从容容地走七八千米路程,极目南望,就见两处特别醒目的白点出现在河滩上,如同漂流在黄河上的白帆,那便是设在黄河边上的度假村了。度假村分东、西两个蒙古包群,每个蒙古包群有七八个白色蒙古包,在海海漫漫、苍苍茫茫的河滩上,格外耀眼夺目。

正是春汛的季节,不时有小轿车急驰而过,那是赶往蒙古包吃鱼宴的人们。开河时的黄河大鲤鱼最为肥美,用黄河水炖黄河鱼,保证了原汁原味,是度假村吸引客人前来一饱口福的特色佳肴。当你顺着一条伸向河滩的沙石路继续前行时,呈现在眼前的是河滩上变化万千的景象。河滩上的水呈现出五彩的颜色,令人想到九寨沟的五彩池。在积水的深潭里,水是碧绿碧绿的,一如水库里见到的碧波;在稍浅一点的水池中,那水又呈蓝色,蓝得发亮,犹如镶嵌在那里的蓝宝石;在浅贴着地面的浅水滩上,那水在红色泥土的映衬下,却又呈现着淡淡的红色;而在流淌的沟槽内,流水挟带着浑浊的泥沙,红黄红黄的,是黄河水的本色。

比水的颜色更富有变化的,是水的形态。早春的河滩坑坑洼洼、莽莽苍苍,滩形地势呈现出异常复杂的情景。在方形的、圆形的、不规则图形的大小水潭之外,还有弯曲的水沟、泥水相间的水渚、残留着葵花枯干的水田和栖居着各色水鸟的茫茫的水滩。一阵清风掠过,原本平静的水面忽地泛起层层的波澜,散发着湿湿的腥味儿。河滩上的树——河柳,长势奇特,与平原上的树形不同:由于受了水的长期浸泡，枝条柔顺而细密，树头犹如匠人用久了的毛刷。假如是在夏秋之季，河滩上的景色就更加迷人了。农人们随意洒在河滩上的种子，此时已长成旺盛的葵花苗，从满滩的绿色长到满眼的金黄。此时，滩上散流的水不见了踪影，整个河滩是一个葵花的王国。

黄河度假村附近，靠河边有一条黄河风情大道，一旁立着从阴

位于黄河河套文化旅游区内的民俗风情村——万丰村

山搬来的巨石,上面刻有"大河东流""逝者如斯"等名言警句。两个蒙古包群的附近都设有水上公园,一片用树枝搭成的茅屋,供游人遮阳小憩。两个渔村的中间是一个硕大的圆形土台,高数丈,有石砌的台阶可以攀登。到得顶端,河滩及黄河主河道的全景便一目了然。春夏秋冬四季交替变换,河上景色迥然不同。春观流凌浮冰,浩然若万舰穿行;夏看渔船帆影,渺然似沧海漂蓬;秋瞻波涛汹涌,苍然如群马奔腾;冬望冰河雪景,茫然同银蛟飞舞。隔河相望,河对岸的伊克昭村落清晰可见;转身北眺,临河城内的高楼亦可半见。置身此景,令人顿感意境开阔、游思辽远。

临河黄河国家湿地公园

坐落于临河区南总干渠畔的临河黄河国家湿地公园是一处集自然与人文景观于一体的好去处。蹬车上先锋桥,沿黄河北岸一路西行,清澈的河水深深浅浅,深则湛蓝,浅则见底,彩带似的随风荡起层层涟漪。晨风夹杂着湿润与新鲜的空气,轻抚脸颊,令人感到惬意与舒适。绿柳白杨有序排列,棵棵挺立;亭台楼阁点缀于湿地草木间,十分抢眼;苗圃、鱼塘、游廊、雕塑错落有致,相互连属;锁链浮桥、铁道天桥、公路大桥横跨干渠,将南北景区连成一片。由于湿地公园的建设,总干渠沿线的春景已大不同往年。

临河黄河国家湿地公园总占地面积4637.6公顷。公园集生态保护、

临河黄河国家湿地公园

文化传播、休闲游览、科普教育等功能于一体,设置黄河文化展示区、蒙古部落文化园、都市文化休闲区、农耕文明观赏区、生态渔业体验区、生态休闲娱乐区、水上活动娱乐区7个功能区。

黄河文化展示区以黄河水利文化博物馆为主体,博物馆坐南朝北,东西长230米,南北宽10米。展馆中部由序厅和多功能报告厅组成,占地近3000平方米,整体造型像一只展翅起飞的鸿雁。

馆内展出文物790件，古籍文献120套，还有大量文字资料和不可移动文物影像资料。

蒙古部落文化园位于公园南岸中段，建筑面积约1600平方米，占地面积约4500平方米。文化园以部落文化为主题，展示了12个蒙古部落的历史、生产方式、婚俗、服饰等，生动展现了草原游牧文化与中原农耕文化相互碰撞与融合的历史。

都市文化休闲区位于临策铁路（东）桥以西，金川大桥以东，建设有音乐广场、八角亭、假山、亲水平台等。音乐广场是巴彦淖尔市目前最大的以音乐为主题的文化休闲广场。

黄河湿地公园南岸西段有农耕文化园和采摘园。农耕文化园占地约120亩，有微地形、人工湖、湖心岛、石亭、农耕雕塑小品群等景观。采摘园设有根雕大门、丰收果篮以及百米绿廊，种植早熟梨、海棠、山楂、大苹果、红枣、桃、杏、李子、杜梨、葡萄等。

黄河湿地公园北岸设有公共餐厅——黄河渔村。在南北岸都建有曲径通幽的水榭长廊，既富有当地特色，又兼具南方园林的特征。东西长220米的游走长廊采用南方竹木建成，廊下设立休息座椅，廊上种植各类绿色长藤。

黄河水利文化博物馆以黄河流域河套灌区水利建设为线索，突出展示了三大主题，即黄河水利文化是华夏文化的重要组成部分，河套水利文化是河套文化的核心，"总干"精神是河套人民精神家园的核心。

黄河湿地公园夜景　田志强/摄

生态休闲娱乐区建有篮球场、排球场、老年门球场、竹柳迷宫、儿童广场等活动设施，并设有三处乘凉休息区，吸引了大批运动爱好者前来。这里还设有码头，总干渠被打造成纵览巴彦淖尔的黄金旅游水道，游客可乘船巡游巴彦淖尔，了解水利文化和民族风情，零距离感受河套地区的独特魅力。

巴彦淖尔市　临河区

镜湖

镜湖生态旅游区位于临河市区北郊，距市中心只有9千米，交通十分便利。湖周围是碧绿如毯的草原、横亘起伏的沙漠、婀娜多姿的杨柳以及一望无际的农田。镜湖镶嵌其间，犹如一块巨大的蓝宝石，晶莹剔透，耀眼夺目。

景区占地面积1500亩，集旅游、度假、娱乐等功能于一体，是临河

镜湖

人民理想的旅游度假村。园区建有骑士庄园、狩猎场、弓箭俱乐部、水上迷宫、水上餐厅、休闲群岛、野炊岛、大观楼饭店等设施,并建有三处游船码头、一座高级泳池、两处自然沙滩泳场以及高空滑行索道。

进入镜湖景区,只见湖面清澈见底,水道蜿蜒曲折,岛屿连绵起

置身其间，如入仙境，令人心旷神怡，流连忘返。

彩虹飞架

马道桥

　　临河地面上桥多，众所公认。桥多，是因为渠多。桥是水利与交通的"红娘"，要保证水流畅通和道路通达，少了桥梁是不行的。马道桥坐落在临河西郊的缠金渠上，下面是滚滚奔流的洪波，上头是车马通行的直道，这边是高楼大厦的城市，那边是碧绿葱郁的农田，一桥飞架东西，四象相得益彰。

　　马道桥源于古代的马道。河套地区自古就是交通要道，为兵家必争之地。秦汉唐宋四朝都曾在河套域内发动过大规模战争。例如，汉武帝北伐匈奴开疆拓土，首战河南，再战河西，三战漠北，河套都是战争要冲与进军孔道。到了元朝，河套地区成为蒙古贵族活动中心之一，太宗窝阔台经常从元上都出发率部校猎阴山，在阴山西段的狼山山脉中进行过多次大规模围猎。元朝在内蒙古设帖里干、木邻、纳邻三条大道，沟通南北东西。其中的木邻就是马道，由元上都西行横穿河套再转而北上，是当时西北交通要道。元世祖忽必烈时向西开通水路600千米，沿途设置10处驿站，配有新旧船只近百艘。此外还在云内州境

伏，各式建筑别致新颖。鱼翔浅底，鸟飞长空，林间有夏虫长鸣，脚底有青蛙鼓噪。游人如织，欢声笑语不断；画船穿梭，水光云影徘徊。

内设置牧所，即官马道，穿行于黄河沿岸及河套地区。清末以来，出产于新疆、甘肃、青海、宁夏、内蒙古等地的皮毛、药材等物资通过马道，大批量地运往京津地区销售。旺季时的黄河套里，商队川流不息，货栈一间挨着一间。

"马道"即马行之道。在古代，马匹是上好的交通工具。以马运物快捷便利，骑马出行可日行百里。古代河套是产良马的地方，河套人祖祖辈辈爱马，阴山岩画多以马为题材。匈奴部落驻牧阴山南北三百余年，畜牧业高度发达，培育出许多世所罕见的骏马良驹，汉高祖刘邦就曾被冒顿单于的四色马队围困于绝境。河套地区一马平川，是天然的马场。当地群众的骑马之风一直延续至今，人人皆会训练骡马。骑骡子走村串户的空当，便可一面饱览塞上风光，一面将那骡子调教得心应手。若是骑一匹快马上路，一鞭子打响，马匹扬鬃敛尾，四蹄生风，踏踏有声，有如鼓点；马上之人，逍逍遥遥，稳稳当当，好似在云里飞、水上漂，颇具神仙下凡的洒脱之美。

马道也是"驼马大道"的简称，古人长途跋涉运输货物，更多的时候是依靠驼队。在没有汽车、公路的情况下，役使沙漠之舟——骆驼

往来运输便成为商家首选。清朝时，政府开通了从归化到新疆的一条长达数千里的驼道，经巴彦淖尔境内900余里，为沟通河套地区与外界商贸往来发挥了重要作用。骆驼身躯

巴彦淖尔市　临河区

永济渠人行天桥

高大，四腿细长，性情温顺，能负荷沉重的物资在沙漠戈壁长途跋涉。骆驼行走时昂首挺胸，两只眼睛明亮而突出，步伐平缓稳健。一列一列的骆驼在驼工的牵引下，排着队鱼贯前进，驼颈下面系着铃铛，随着驼队的行进，发出丁零丁零有节奏的声响，好像有意为驼工们奏乐解闷。在万籁俱寂的夜晚或荒无人烟的绝域，铃声传到很远的地方，

俯瞰临河街景

仿佛遥远天际娱神的歌唱；当驼队踏进繁华的闹市，骆驼也不惊恐，仍然行走如常，恬静安然。当与畜群或车辆相遇时，骆驼会自动离开正路从道边行走，让畜群和车辆通过。偶或遇到狂风刮地、鹅毛飞舞的天气，骆驼便自动围成一圈，用城墙般的身体为主人挡避风寒。

马道桥下的缠金渠最早开挖于清嘉庆年间，马道桥的桥龄至少在二百年以上。这座跨世纪老桥几经兴废，历尽沧桑。从最初的红泥座底横搭几根椽子，到后来的哈茂作墩木板平铺；从原始的打桩入水圆木撑架，到现代的钢筋水泥混凝土结构。它负载着沉重的历史一步步走向文明，拼死撑起厚实的脊梁，以致终于不堪重负而屡屡垮塌。但桥是不能没有的，垮了再筑，坏了重修。每一次毁坏，都包含着一段令人难忘的历史；每一次重修，都凝聚着几代人的心血。桥身一次比一次坚固，桥体一次比一次华贵，唯有这祖传的桥名从未变更，传承至今。如今的马道桥已经超越了作为桥名的"小我"，而演化为一个闻名遐迩的地理概念，成为一个文化范畴和一座精神食粮的仓廪。

抗日战争时期，傅作义将军驻军河套，马道桥是河套重镇临河与陕坝之间的必经之路，绥远省政府便是从这座桥上搬运而过，边陲小镇陕坝从此成为绥远政治军事中心。日本军队侵占河套时，傅作义将军实行坚壁清野策略，为了阻止敌军西进，他命人将马道桥炸掉，随着一声轰隆巨响，桥体垮塌，这是马道桥为抗战做出的牺牲。

抗战取得胜利后，马道桥得以重建，桥上又恢复了往日的热闹景象。驼马大道与人行通道并行，物资交流与文化交流相辅相成。聚居于马道桥下的回族群众，没有因为日军的侵略而放弃这片养育了他们的土地，他们在战争的废墟上重建家园，很快又使这里买卖兴隆、商贾云集。

回族是勤劳智慧的民族，其中不乏经商的天才。在漫长的岁月里，回族商人凭着诚信与勤劳，扎根于河套这片沃土。在市场经济盛行的新形势下，回族商人顺应形势，大展拳脚，在创造物质财富的同时，也创造着精神财富。

马道桥下的清真寺始建于1937年，1983年重建，为砖木结构。寺院内塔楼高耸，华美圣洁。

民族文化是河套文化的特色之一。巴彦淖尔市委、市政府积极倡导打造河套文化品牌，人们欣喜地看到，地方文化资源得以优化整合，蒙汉回等多民族文化相互融合的地域文化进一步发扬光大。事实证明，各民族团结互助与文化优势互补，必将铸就强大的精神动力，推动河套地区经济、社会高质量发展。

马道桥是连接各民族交往与友谊的桥梁，也是通向美好未来的一座"金桥"。如今，临河区域内的包兰铁路、临策铁路、110国道、京藏高速、京新高速公路穿区而过，临河区成为重要交通节点城市。驼马运输已成为历史，代之而起的是铁路运输、航空运输、公路运输等现代运输方式。马道桥也一改往日尘土飞扬的面貌，钢筋混凝土筑成的桥体平直光滑、坚固稳健。在它的旁边修建起了高速公路立交桥，宽敞漂亮的环形桥体凌空而起，黑色柏油路面整洁干净，高规格的彩色护栏安全美观。而昔日的缠金渠已更名为永济渠，寄托了人们"福祉永昌，富水长济"的美好愿望。渠道衬砌工程实施后，渠道景观旧貌换新颜，黄河之水得到科学合理的使用。

拥有辉煌农业文明史的临河区，在推进工业化的新阶段，经济发展前景十分广阔。京呼银兰高铁大部分路段已通车，还将打通临河至策克、临河至巴格毛都两条能源通道，黄河大桥和民用机场已经建成，临河区已成为南北交通的枢纽，为大范围经济合作创造了可能，发展经济的区位优势更加突出。同时，区位交通优势又带来了显著的资源优势，临河区处于煤炭、天然气、电石、盐、铜、铁等资源富集区的包围之中，发展有色金属加工、高载能金属加工、高载能工业和煤化工项目具有得天独厚的优势。临河区水电资源丰富，具备发展重化工业的现实条件。临河区城市框架不断拉大，经济活力不断增强，为工业的加速发展创造了良好的条件。近年来，临河区委、区政府坚持"重点抓工业，突出抓项目"的发展战略，以扩张总量、提升质量、优化结构为目标，以工业园区为载体，以开放的资源观整合利用区域资源，积极引进重大项目，培育和打造绒纺、食品加工、有色金属加工和化工、生物制药业、电力五大产业集群，工业经济呈现出强劲的发展势头。

在西部大开发的号角嘹亮吹响时，在信息化带动工业化的蓝图清晰绘就时，马道桥这座历史名桥，必将成为临河区引进资金、技术、人才和新理念的纽带。临河区因它而更加富裕文明，河套地区的工业化也会因它而早日实现。

先锋桥

先锋桥位于距三盛公水利枢纽60千米处，是临河区通往总干渠南的必经之桥。桥长124米，三跨连拱，每孔净跨30米，是一座四空腹式双曲拱桥。先锋桥于1977年开始兴建，1978年7月1日竣工。

先锋桥横跨总干渠，矗立于临河城区南端，造型美观，坚固耐用，是河套灌区20世纪最大的桥梁建筑。

先锋新桥

2017年，在先锋桥下游35米处，时尚、气派的新先锋大桥落成通车。

金川大桥

金川大桥是跨越河套灌区总干渠的重要通道，也是巴彦淖尔市的第一座城市景观桥。金川大桥工程建设总投资约3亿元，全线长1600米按双向8车道设计，设计时速为60千米。

金川河

金川大桥夜景

金川大桥夜景

金川大桥北起沃野街,南至临策铁路南200米处。金川大桥是连接双河镇与主城区的重要通道,对于加快双河镇建设步伐、进一步提升品位、促进城区提质扩容有着十分重要的意义。

临河黄河大桥

2012年8月29日,巴彦淖尔市临河区连接鄂尔多斯市杭锦旗的临河黄河大桥正式通车。

临河黄河大桥是连接鄂尔多斯和巴彦淖尔两市的第三座公路大桥。该桥总投资5.6亿元,公路大桥及引线工程全长18.1千米(其中大桥长4.2千米),桥宽12米。它的建成通车,极大地改善了沿黄经济带的区域交通条件,有利于黄河两岸的交流与交往。

临河黄河大桥远景

河套方言　彰显魅力

HUASHUONEIMENGGUlinhequ

巴彦淖尔市　临河区

河套方言　彰显魅力
HETAOFANGYANZHANGXIANMEILI

河套地区的方言和俗语形象、生动且富有感情色彩与生活气息。在表达效果上，往往为其他语言所无法取代。丰富多彩的方言俗语是临河珍贵的文化资源。

缀词和叠词

缀词

河套方言的结构中有附加辅助成分——词缀，且有前缀、中缀和后缀之分。

附加成分加在中心词前边的情形有些与普通话一致，如老师、老虎、老头、老婆等的"老"。但也有一些是河套方言中独有的，如"圪""日"。前缀为"圪"的构词在口语中有100多个,词性有名词、动词、形容词。例如：圪梁、圪卜、圪丁、圪楞、圪丁圪旦、圪低圪卜、圪梁洼切、圪都、圪壕、圪蹴、圪拧、圪挪、圪搅、圪歪、圪蹓、圪嚼、圪挤、圪脱、圪滚、圪爬、圪蠕、圪皱、圪拙、圪疤、圪能、圪诌、圪耻、圪混、圪堆、圪伴。"日"字作前缀的方言有：日玄、日哄、日怪、日粗、日能、日精、日脏等。

中缀在方言中不多，常见的有"格"，作为对前一个音节延长的补充音节，短、轻，有停顿感，使三个音节的词变成四个音节，后两个音节重叠，有一种轻快舒心感。如蓝格英英、白格生生、轻格飘飘、金格灿灿、清格凌凌、水格凌凌、花格艳艳。衔音"里"作中缀的用法与普通话基本一致，如古里古怪、土里土气、糊里糊涂、傻里傻气、噼里啪啦、稀里哗啦、踢里砰楞等。

后缀在方言中比较丰富，常见的有"儿""子""头""者""员""家"。如桌子、活儿、错儿、木头、苦头、作者、劳动者、教员、通讯员、作家、思想家。但有一些是河套方言中特有的，如"来来"，多加在疑问词后，表示疑问。如"去哪来来""吃甚来来""出去来来"等，即有亲近感，亦有啰唆感。若直接放在动词后则是另外一种情形，如"要来来""走来来""吃来来""喝来来"

等，是一种肯定回答语，语气较重，表示肯定或满不在乎。有时在"来来"前加"格"组成"格来来"，构成疑问词缀或回答语词缀，如"去哪格来来""做甚格来来""上街格来来""上班格来来"等，有漫不经心之感，随意性很大。

儿化在河套方言里应用极广。儿化是一种音变现象，它是词末一个音节后的附加部分。在口头语中，采取反切读法，将末一个音节与儿拼读在一起，使之发生音变。儿化在方言中有四种作用。一是可以区别词性，如画儿（名词）、画（动词）、活儿（名词）、活（形容词）、尖儿（名词）、尖（形容词）、盖儿（名词）、盖（动词）。二是可以区别词义，如老婆儿（老年女性）、老婆（妻子）、鸡子儿（鸡蛋）、鸡子（鸡）、头儿（领导）、头（脑袋）、眼儿（孔）、眼（眼睛）、信儿（消息、话）、信（书信）。三是带有小、喜爱、亲切等感情色彩，如小孩儿、花儿、小曲儿、圆脸儿。四是在单音节重叠的形容词后缀"儿"字，使后一个音节变成上升长调，有喜欢、舒心之感，如高高儿、平平儿、齐齐儿、花花儿、欢欢儿、大大儿、长长儿、正正儿。

叠词

河套方言中叠词极多，有名词、动词、形容词和量词。叠词可大大增加语言的形象性和感染力。

方言中的叠词以ABB式为多，表示亲切、喜爱之情。名词性的叠词有毛眼眼、阳婆婆、竹篮篮、油坛坛、醋罐罐、白脸脸、酒盅盅、手腕腕、树梢梢、麦余余。这种形式的动词也有，如开门门、拉话话、打铲铲、磨刀刀、掏炉炉、背遭遭、跑趟趟。形容词性的叠词有笑嘻嘻、乐呵呵、沉甸甸。量词性的叠词有一盏盏、一把把、一条条、一家家。叠词在二人台和爬山调中应用较广泛。例如：阳婆婆上来丈二高，风尘尘不动天气好。哎哟，叫上哥哥打樱桃。红丹丹阳婆满山山照，手提上竹篮篮抿嘴嘴笑。哎哟，跟上哥哥打樱桃。山丹开花满山山红，满村村爱上哥哥一个人。

AABB式叠词以形容词为多。窝窝囊囊、龌龌龊龊、大大咧咧、高高兴兴、红红火火、热热闹闹、冷冷清清、忽忽闪闪等，其表达程度较"窝囊""龌龊""高兴""红火"等词更进一步，而且在具体的语言环境中表达的感情更浓烈。

还有一种AA儿、小AA形式的叠词，前一种情况在儿化中已谈及。小AA式词语有小巧玲珑、讨人喜欢之意。如小刀刀、小碗碗、小嘴嘴、小手手、小腿腿、小脸脸等。

谚语

河套人民在漫长的生产、生活实践中,将生产规律、生活经验编成通俗易懂的谚语流传于世。其特点是:一条谚语多数由两句组成,两句的内容相承、相关或相对,句式大致整齐,句末大都押韵。数量最多的是农业谚语,其次是气象谚语和节令谚语。各行各业乃至各种生活环境都有谚语,可以说"无处不有谚,无事不有谚"。

农业谚语

春打六九头,遍地有牛走。一年两头春,黄草贵如金。春风不刮地不开,秋风不刮籽不来。惊蛰一犁土,春分土地动。清明不在家,入伏不在地(指蒜)。

二月清明遍地青,三月清明没一根。春分麦入土,清明地头青。种在冰上,收在火上(指小麦)。立夏不种夏,犟种十天夏。小满前后,安瓜种豆。夏至不种高三黍,犟种十天小红糜。大暑小暑,灌死老鼠(指雨季)。立秋糜子四指高,出穗拔节打人腰。处暑不出头,割得喂老牛(指糜子)。头伏荞麦二伏菜,三伏蔓菁长成怪。秋分糜子寒露谷,霜降黑豆抱住哭(指收割时间)。

水地葫芦旱地瓜,生地茄子熟地瓜。伏天划破皮,顶如秋天耕几犁。锄头自带三分水。糜锄点点谷锄针。伤镰糜子一把糠,麦割花穗堆满仓。四月八,冻死黑豆荚。有钱难买五月旱,六月连阴吃饱饭。三九的磙子,提水的斗子。耕三耙四锄八遍,八米二糠粮满院。埋麻露麦窖豆子。走水葫芦湿水麻,留下一水浇西瓜。麦浇黄芽谷浇老,大豆最怕霜降早。头水深,二水浅,三水洗个脸(指小麦灌水)。

气象谚语

云往东,一场空;云往西,淋死鸡;云往南,水推船;云往北,打烂石头沤烂铁。八月十五云遮月,正月十五雪打灯。立夏风不起尘,起尘活埋人。

月晕风,日晕雨。一雾十天晴。九月雷声十月雾,子父老子不相顾。东虹轰隆西虹雨。

天上钩钩云,地上雨淋淋。天上鲤鱼斑,晒粮不用翻。天上云追云,大雨要倾盆。风刮一大片,雨打一条线。雨行旧路。明了起风黑了住,黑了不住刮倒树。闰月年,早种田。霜降阴不开,立冬封死海。冬至后十天,阳历过新年。小雪流凌一月冬,四十五天定打春。

春旱不算旱,秋旱丢一半。春雪堆满沟,麦子总不收。腊月雾,糜子长成树。正月不冻二月冻,豌豆大麦憋破瓮。立夏不热,五谷不结。七月十五定旱涝,八月十五定收成。白露不秀（穗），寒露不收。冬至多风，寒冷年丰。冬腊有雪雪不多，明年定有好田禾。瑞雪兆丰年。腊月三白两树挂，来年收的放不下。冬暖年成差，冬冷年成强。明冬暗年黑腊八，来年收成定不差。

九里一场风，伏里一场雨。不刮春风，难得秋雨。清明起尘，黄土埋人。天气黄澄澄，必定刮大风。小满刮北风，旱断寸草根。旱刮东风不雨，涝刮东风不晴。

伏里东风没雨。常刮西北风，近日天气晴。一天南风三天暖，一天北风三日寒。

天上云鳞鳞，地上雨淋淋。云如宝塔，大雨要下。黑云上下翻，将要下冰蛋。黑猪（乌云）过河，大雨滂沱。老云作坝，不久就下。云打架，雹子下。红云变黑云，必定大雨淋。

春雾热，夏雾雨，秋雾凉，冬雾雪。早上雾露串，中午晒的欢。重雾见晴天。雾里日头，晒破石头。雾后来云天下雨，云后来雾天气晴。久晴大雾必阴，久雨大雾必晴。大雾不过三，过三又加三。

河套春雨禾不收。淋了伏头，雨到伏底。伏中无雨，粮食歉收。黑夜下，白天晴，打得粮食没处盛。

一寸冬雪一寸金。下雪不冷化雪冷。冬雪似宝，春雪似刀。雪落见晴天。一日春霜十日晴。霜重见晴天。一场寒风一场霜。春冻圪梁秋冻洼。西虹当雨，东虹日头。对日虹，不到明；雨吃虹，下一丈。断虹高挂，有风不怕。风响，雷鸣，雹子降。连雨雷轰，必下雹冰。朝霞不出门，晚霞千里行。日出火烧云，雨后天便晴。

蚂蚁搬家，大雨要下。蜻蜓低飞，不风便雨。蜘蛛张网晴，收网阴。旱出蚂蚱，涝出鱼。蜜蜂窝里叫，阴雨就要到。蛇过路，蛤蟆叫，水瓮潮，阴雨兆。乌龟晒盖天要变。鱼打漂，雨来到。燕子高飞晴，低飞雨。雁过七八月，有霜。鸡不上架，将有雨下。

生活谚语

人活眉脸树活皮，墙头活的一把圪渣泥。吃不穷，穿不穷，打算不到就受穷。有理不在高言，山高遮不住太阳。一天省一口，一年省一斗；一天省一把，十年买匹马。三年学个买卖人，一辈子学不会庄户人。眼过十遍，不如手过一遍。牛头不烂，多费几炉柴炭。三岁看大，七岁看老。人有精神钱壮胆，马有精神料充足。不抱油篓，不沾油手。小洞不补，大洞尺五。卖货不识货，不如家里坐。羊没了羊群寻。吃药不忌嘴，跑断先生腿。夏天出门拿冬天的衣裳，一天出门带上三天的干粮。冬走十里不明，夏走十里不黑。将心比自心，何必问旁人。一个朋友一条路，一个冤家一堵墙。肚里无邪气，不怕冷糕追。人往高处走，水往洼处流。人比人活不成，毛驴比马骑不成。

歇后语

歇后语是由两部分组成的一句话，前一部分像谜面，后一部分像谜底。用这样的方法言明事理，不但诙谐幽默，而且很有说服力。河套民间的歇后语大部分是流传下来的，但也有一些是在具体环境中"吃上红柳扃萝头——现编"的。

马尾提豆腐——提不起来。

豆腐跌进灰堆里——吹不得，打不得。

种上荞麦上来豌豆——灰得没棱了。

牛皮灯笼——里明外不明。

钉鞋不用锥子——真（针）好。

荞麦皮打浆糊——不粘。

砂锅捣蒜——一锤子买卖。

卖豆芽不拿秤——乱抓。

圪溜棍打平地——有一下没一下。

头疼点眼药——去疑心。

一根毛嗑八瓣——细得厉害。

脚底下抹麻油——想溜嘞。

脚踩擀面杖——不稳当。

鼻子底下安电灯——文（闻）明。

捏住鼻子吃葱——忍气吞声。

耗子啃玻璃——吃劲（镜）儿了。

耗子挨住板仓睡——一样样儿的灰脊背。

马嚼子戴在牛嘴上——胡扯。

羊不吃麦子——顺垅垅跑。

瞎狗碰在屎堆上——遇对了。

狗咬烂羊皮——撕扯不清。

狗吃刺猬——无法下嘴。

肉包子打狗——有去无回。

猪鼻子插葱——装相（象）。

磨道里寻驴踪——哪有寻不见的。

驴粪蛋蛋——面面光。

狮子滚绣球——好事在后头。

鸭子走路——左右摇摆。

麻雀抬轿——担当不起。

井里头的蛤蟆——就见过碟子大的天。

苍蝇落在玻璃上——有光明，没前途。

豆腐烩豆芽——一姓不一家。

盘子里生豆芽——根底浅。

茶壶里煮饺子——肚肚里有东西，嘴嘴上倒不出来。

锅边上的小米——熬出来了。

卤水点豆腐——一物降一物。

瓦房不漏——有言（檐）在先。

出了窑的砖——定型了。

西北风刮蒺藜——连讽（风）带刺。

刮大风吃炒面——张不开口。

馍馍蘸醋——酸圪旦。

群众在广场上活动

四扇屏里卷灶王——话（画）中有话（画）。

串话

河套的民间串话十分丰富，且与时俱进，常有新作口耳相传。河套串话在内容上往往是某一生活情景的生动描述，语言诙谐，生活气息浓厚。在表现手法上有句式灵活、内容连贯、通俗直白、顺口好记等几个特点。例如描写当地人体形特征的串话：脸吃得像个盘，肚吃得像个坛，走起路来像条船，指上营生眼睛蓝。说一个人貌丑则是：黄毛头发二寸半，嗤怪子眼睛蓝圪旦，秤砣鼻子歪坎转，车轴脖子不洗涮。

串话的句式灵活多样，有两言、三言、四言、五言，一般不超过八言。例如：老牛，破车，疙瘩绳。风梳头，雨洗脸，穷人受得猫翻天。四言：两眼一睁，忙到熄灯；回头一看，甚也没干。五言：庄稼一枝花，全靠粪当家；种地不上粪，顶如瞎胡混。六言：冬天皮袄皮裤，夏天一身老布，吃的是捞饭酸粥，时分八节还有烩菜猪肉。

俚语

河套俚语乍一听有些粗俗，却有着极强的表现力和独到之处。它具备了语言锤炼的基本要求——形象、生动、贴切、精练。一是善用比喻，言情状物入木三分。如：圪桃虫挖奔子——微微不动。二是巧于起兴，引人联想，玩味不尽。如：阳婆进家——越圪诌越来啦，皮不利！三是排散并用，顺口而出，流畅押韵。如：高粱地里耍大刀，吓

环城水系

唬哪个割草草,爷没吃过个猪肉,还没见过个猪跑。四是时带夸张,饱含爱憎之情,声情并茂。如:你小子净想好事,你盖上十八层盖体(被子)蒙住头梦个哇!

俚语是约定俗成的习惯用语,源于生活,地域性强,较生活化。如:偷茄子摘葫芦,甚事也不误。南靠黄河北靠山,后大套就是乃米粮川。胳膊多会儿也往里头屈,肉烂叫烂在锅里头。

夏天穿棉有了,冬天穿单抖了。腰上巾一根,顶如穿一身。皮裤套棉裤,必定有缘故。甚是个甚,穿上毛鞋脚不冻。二八月乱穿衣,谁的皮袄不过冬?

经过锤炼的俚语往往更精练贴切,俗称"四六句子"。这些句子说起来顺口,听起来明白好记。如:贪多嚼不烂,嚼烂咽不办。吃饭吃米了,说话说理了。馍馍不吃吃花卷,专为拧这个圪褶褶了。不争个馍馍气,还争(蒸)个窝窝气了哇。好朋友,勤算账。先说响,后不嚷。营生做遍,穷死没怨。

爬山调

爬山调也称"爬山歌""山曲",是流行于内蒙古中西部地区的一种短调民歌。

爬山调的艺术风格源于古风,可以在《诗经》里找到源头,同时它也深受《敕勒歌》等北朝民歌的影响。赋、比、兴是《诗经》的三种主要表现手法,而爬山调的艺术风格也集中体现在赋、比、兴的运用上。

赋，就是铺陈，直言其事。河套地区的传统民歌大多是河套人民各个时期生产生活的记载，许多爬山调与二人台相伴产生，因而具有很强的叙事性。例如《穷苦人》中所唱：

三畦畦白菜两畦畦葱，穷苦的日子过不成。端起个饭碗就发愁，清汤寡水没一点点油。羊羔羔吃奶双蹄蹄跪，提起个揽长工眼流泪。泪蛋蛋本是那心上的油，谁不难活谁不流。灰木头国民党丧良心，定猛子想起个抓壮丁。黑夜躲兵野滩里绕，五明头钻进个山药窖。鸡爪黄连苦豆根，苦言苦语苦在心。

比，就是比喻，以彼物比此物。巧用比喻是爬山调的一大特色，极大地增强了歌词的形象生动性。例如："我本是九、十月的沙蓬无根根草，哪哪儿挂住哪哪儿好。"又如："山曲儿好比牛毛多，三天也唱不完个牛耳朵。山曲儿好比没梁的斗，多会儿想唱多会儿有。"

兴，就是起兴，先言他物以引出所咏之内容。爬山调的歌词往往从现实生活或周围环境中顺手拈来，将具有相关意味的事物融进歌词，自然地引出要唱的内容。不仅引人入胜，而且发人深省。例如《拉骆驼》中所唱：

一出那大门就扬了一把沙，双手手擦泪就上不了个马。马蹄蹄那个跑来铜铃那个响，你把亲亲的心呀么心揪上。

走三步来退两步，一走就把哥哥的腿拴住。你看看我来我看看你，难说难道咱们两个难分离。

一出大门住东瞭，泪蛋蛋滴在马鞍桥；一出大门住东瞭，两嘴唇唇软得我打不起个调。

见亲亲你走后套，九秋十月树叶叶落，避风弯弯旋干柴，也不知亲亲你游活在坬哪。

长脖颈骆驼细毛绳绳拉，也不知亲亲你游活在哪。我好比十月的沙蓬无根的草，哪瘩瘩挂住哪瘩瘩好。

长脖颈骆驼细毛绳绳拴，哥哥走了我好孤单。再不要你想来再不要你哭，谁家的亲亲能长守着。再不要你想来再不要你哭，谁家的亲亲能长守着。

歌词里的"长脖颈骆驼细毛绳绳拴"有相互牵连的意思，正好与男女之间不忍分离的情绪相互衬托渲染。

又如："阳婆婆出来满天天红，共产党是咱们的大救星。满天的星星就数北斗明，毛主席是咱们的领路人。天上飘来了五彩云，改革开放咱不受穷。树梢上的喜鹊鹊喳喳叫，财神爷走进咱后大套。沙枣树开花十里香，永远也忘不了共产党。"

临河采风　墨痕留香

HUASHUONEIMENGGUlinhequ

临河采风　　墨痕留香
LINHECAIFENGMOHENLIUXIANG

临河地处美丽富饶的河套平原，自然景观千姿百态，激发了无数文人墨客的创作灵感。他们以临河风物为题材，谱写了流传千古的不朽华章。

从军过临河

早发何家栅子，晚宿中国堂，计行九十里。早六时起床，七时一刻发，西南行。三里，道左有喇嘛庙，土人称张吉庙，喇嘛百余人，建筑颇宏丽。二十二里，天吉元。五里，强家油房，即喂养地，居民三十余家，驻陆军一连。二十五里，西丰社官渠，又名五大股，午尖，居民三十余家。午尖后，复行。数十步，过大渠，即缠金渠也。为河套最大之渠，长二百余里，南至黄河，北至狼山下，灌地当在五千顷以上。近年以匪乱频起，重以官差繁苛，种者不过二千顷。该渠系光绪二十九年，由五原厅监督开浚。宽七丈，深八尺，可通舟楫。自宁夏运来木料，及由此运粮出口，通行无阻，亦巨工也。二里，蓝锁渠，亦八大渠之一。十八里，黄羊木头，居民百余家，颇有成聚之概。有天主教堂，信徒千余人。设小学一所，学生三十余。二十里，中国堂，居民七十余家，亦有天主教堂，与黄羊木头教堂，同归比国黄神父管理，教徒千余人。前清光绪二十余年时，附设小学一所，学生二十余人，今聘山西府谷人担任教授。闻黄羊木头有田地七十余顷，中国堂有田地三十余顷，均从蒙古人之手永久租来。每顷只费租金九两，而转租于教徒，则收二十五两。教徒以外，不得租也。

今日道路平坦。经大渠一，小渠三。自五原至此，沿途均属蒙古之杭盖旗。汉人向之租地，年纳租金，每亩钱一二吊不等。亩数多寡，以渠水灌到为标准，无水，不以田论也。沿途见护送余等人军队，粮草食物，均向社长支取，而不给值。询之居民，谓所在军队及保卫团均如此，不过社长仍摊派之于民间耳。惟摊派之数,往往超过使用之数,盖防短收也。然柔弱之社长亦常因公亏累,而黠者则乘机剥削,此种痛苦,通国所无,而为西北所独有,是亦关心西北者,所当留意者也!

(本文选自《西北丛编》,作者为民国时人林竞,是作者行军日记之一,题目由编者据文章内容拟定。有关文章的写作动机,林竞在日记开头写道:鞭丝帽影,阳关唱再叠之音。车腹马腰,玉塞壮生还之语。从来志士,最好探奇。毕竟畸人,每驱绝漠。慨自连烽告急,中原与心腹之忧,宝蕴未宣,世界起刀砧之想。不事搜讨,奚得穷源?若畏崎岖,何来真相。仆也有类班生投笔之行,非应汉武求贤之诏。玉门再度,葱岭斯登,追博望之旧踪,循长春之陈迹。芜词满箧,热泪盈怀,爰作纪游之篇,聊效识途之献。至若丰功伟烈,窃有顾影自惭者矣。落款为"中华民国七年"。)

后套耕牧记

后套之地,原属杭锦、达拉特两旗。然垦务办法又各不同。杭锦地自报垦时,已酬以价,同于买收。官局即以其地转卖之民,上地值银百两,中地七八十两,下地二十两,每岁则纳官租水租六两。达拉特地凡二千余顷,皆归官有。每岁代征租银一万五千,每顷转租于地商须银十五两,再由地商分租于农户,租银复倍之,且转租频繁,田功因以尽废。其花户亦皆春出秋归,无能占据其地者。而代征蒙古之租,又任意刻削,不能以时应付,故蒙人对于官办垦务,皆上下一心抵死顽抗。若汉人自向蒙人出租垦种,则极欢迎之。此亦人情所应尔也。若不利用此机会,先从根本上整顿之,而惟官家之私利是图,西北边事从此殆不可问矣。

套中已垦熟地不及半数,弥望皆荒草。居民十之八九皆山西北部人,河之南岸则多榆林、神木、府谷诸县人,每隔十数里乃见一家。其执业亦多半耕半牧,又每购茶布诸物堆积室内。蒙人自来以牧畜易之,故行其地者,不有向导之人,往往不办行程。沿途亦无旅寓、无饭店,每至食宿时,即望门投止,无论何人,断无拒而不纳者。去时亦不记账,略酬以资,亦自称谢不遑。然行人所当留意者有二事:一人家畜犬,最为猛鸷,昼间以铁索系之,日落即纵之外出。宿客初至,常有被其狂噬者。一地下每多园窖,深及寻丈,遇雨即坍,车马遄行,时虞倾陷,故捷径不可越也。若坦坦周道,则无虞矣。

天时与归化城相埒,夏日热度不高,冬时大雪间封河,至来春惊蛰春分间，河冰乃解。春秋之季，时有狂风，故果树皆不结实。唯榆杨柳最为繁殖，而红柳尤丛生遍野。套人每折其枝干，以为羊圈，苫屋亦用之。细枝则编为筐篓。用途之广，无异南方之用竹也。又有所谓芨箕者，亦丛生草类也，茎干挺出，性韧而坚，可制为草帽及蚊扇、扫帚诸物。二者皆取之不尽。

套中谷产，豆麦高粱皆宜。近水处亦有种稻，高凉处则种莜麦、黄米、胡麻、马铃薯等，每亩可获六七斗以上。其斗量最大凡大于口内十加九。莜麦、胡麻为寒地特产，口外皆莳之。莜麦于旧历三月下种，历四个月即能成熟，其粒瘦细，磨为面，先以沸水冲之，蒸为馒首，俟冷乃食之，其性最耐饥。口外作苦之人，非此不饱也。胡麻为油类，山陕北部燃灯皆以此物。其物价廉，与豆油不殊，至今能抵制石油，使之不得内输。套中工人皆春出冬归，其留居者皆地主大户也。冬时则聚其工伙，以胡麻榨油，贩之口内。……

余又闻，蒙人相语，尝呼汉人为喀特拉。初不解其何意，细味之，乃知为契丹之转音。盖蒙古初兴，尝分汉人为八种，而灭宋所得，犹不在内，契丹特为八种之一。今乃举以被诸全体耳。

汉人之业畜牧者，凡蒙旗草地，皆可任便纵牧。每岁由蒙官收水草租钱，计牛马一为约三百文。又有分配于蒙人使代牧者，唯图食其乳酪，并不须给以工资。且自认头佃户，主人至其家，妇女必饰貌以迎，老幼皆尊礼之。

（本文选自《南园丛稿》，作者为民国时人张相文，是作者1914年游历河套时的记游文章。本文为节选，编者代拟题目。）

临河竹枝词

砭骨朔风塞上高，
毡裘重复尚轻飘。
男儿也学妇人样，
一例束装红主腰。

纳稼筑场有定程，
连绵农事告西成。
如何六瑚灰飞日，
打麦始闻叱犊声。

陋俗流传是弃婴，
家家父母太无情。
只缘妇女懒闲惯，
忍命呱呱付梗萍。

潺潺伏水贵于油，
七日秦庭乞未休。
戊巳一包马一匹，
香花膜拜献渠头。

后寝前堂混不分，
土阶茅茨好铺陈。
朱红长柜栽绒毯，

今城东北隅之大营房即其故址，人已流散。民十四西北军驻绥，萧振瀛氏设治于临河，辟划城垣，修筑县府、马路，强令四董事（杨李傅汪）赶修城围，入冬工竣。十五年春，正街商号建筑齐全，工程亦多巍峨，俨然一小市场。夏末冯玉祥退劫遭损，民十六冬石匪鼠扰，后赵青山率众劫攻，城几失陷，商多停业。民十九年春永济渠泛滥，城遭淹没，县府以西之商号咸倒闭，迄今萧条异常。城内住户百数十家，院多无墙门，房屋零落，登城俯视，宛若棋子。

东关较热闹，两旁商号，布伏席片，高架铺前，添加风光不少。街头巷尾，堆置硬材竹机，售者高声叫卖。烟馆多如粪蛆，三家一个红灯笼（标志），五家一个清水净烟小牌。死焰臭气刺得脑子疼，尘土挡得眼也睁不开。看不完的明妓暗娼，满耳听得尽免幺去二的赌声，风味别致。城中除户家外，多政务机关：县府、党部、四局、商会、征收局、塞北关、邮电两局、屠宰局……为临河政治中心。

商业之中心

陕坝现名太安镇，距县城八十里，东滨黄突龙河，为第三区公所所在地。昔为教会所据，住民众教徒。教会筑有小城，备有枪弹，设有公学一所，教徒住就。其经费每顷地附加粮二十元（前载县令停加），势力雄厚，独自为政，县令等于废纸。自萧氏强买为其霸占之土地后，劣势乃敛。一城仅辟一门，街道紊乱，方向难辨。房屋多歪，商号挤满，日常用品略全，价较县城廉，高于绥市二倍，商会办事处设于此。居民七百余户，有正当职业者很少，妇女多过送往迎来生涯。服装时而不髦，膊系手绢，裤口阔尺许。

豪富之集聚

蛮会名太和镇，距县城九十里，陕坝二十里，位于黄突龙之下游。土地之肥美，为全县冠。每亩平均年产粮石余，耕作简易，资垫无几，获利却大，居民多殷实。民十八包东大饥，临河丰收，由临运粮一石，到包可得卖价三十几元，因以发财者颇多。著名之豪富张应、刘计、巴原占、李三、郝成等皆居于斯，人多视之为临河的经济中心。其民皆奉教，信仰颇笃，询其缘故，多称所耕土地乃教堂赠送，发财全依靠教堂，奉之若天者，不忘恩情也。

地主与佃户

四区之杨家拥据田四千余顷，上田约三百多顷，杨家河为其所有，入款颇巨。一区李元祯有地三千多顷，实买三百余顷。此二姓原为王同春之工头，其最初之土地为王氏赠，其余大部系西北军所用之军差收据，存于彼等之手，退却时冯着垦六分局拨土经偿。（按：一四两区之地土，皆二姓之佃民佃户，对政府所生关系，均由二姓包揽，故此说颇有成为事实之可能。且民九以前，一四两区区长，向由杨李二姓充当，此更有成为事实之可能。传称二姓在垦产分局挂地之书名，多系其地户，其因在此。）次者如三区之傅妥来、张应、郭城、刘七……其土地多来自教会，出价甚微。二区之陈王二氏每年租地于佃户，每顷收租银七十、八十两不等，所纳税赋军差摊派，先交地商人，政府成总局向地商人收取，政府收于地商人账上，认为惯例。

佃户之于地商人，形同奴婢，年须奉重礼若干与地商人，买其欢好。平时举处若与地商人相背，或道地商之不善，亦遭驱逐。至缴纳赋税，加以粮物，地商人悉以低于时价之价收之，辛勤终年，完衣足食者无几。灾歉之年，政府恤发之赈款，多难见着，如民十六之流通券，民十八骑兵四师偿还之军费两万元，民十九郭凤山偿还之军费八千元，民二十年春季之兵灾善后救济款……各地商人均有小堡，养有家兵，自备枪弹。出门时随带卫兵两名，威严十足。

荒古的风味

临河的社会依然滞留在荒古，仅仅学上了初期的农作阶段，地虽经垦，大部仍为草原，红柳、竹机、哈木耳、苇子丛丛密密，高四五尺许，沙凸间其中，常行走半日不见一人。偶有之，非草棚似之蒙古包，即似茅庵之小屋，高约三尺，围以小墙，盖以木椽数条，前留小门、小窗各一，屋前为堆置灰土之所，此即乡民之居宅也。野多蒙民牧女，身着长袍，腰捆红缎，长毛巾包头，傍系珠珠耳垂，足蹬长靴。道路不整，迷途无人指，询之无人对。着军服者，土人皆敬畏，食宿随处可，通蒙语者，蒙古包中宿食与自家无异。

交通与耕耘

临河设有三等邮局，每月来往信件十次，省垣寄之信件，半月始见回音，陕坝、蛮会有足差，两日往来一趟。杨家河亦有足差一人，往来时日无定。临陕安有长途电话，消息灵通，省垣拍致之电，三日可到。土人往来多乘马，载重以车，大小与常见者等，车轮特别大，高四五尺，辕口横一木条，捆牛膊上，行动笨滞。

耕耘的方法很粗单，上粪那是从未有过的事，犁地也不常见，春间耙过就耘，勤劳时锄一遍，懒时连一锄也不，芦草高过麦，草苗齐生并长，有地皆然。水到地头，却是拼上命也要浇。

可恶的渠头

常言"包东资天,后套靠河",除刮黄风外,全年也得不着三寸雨水,老百姓全靠着黄河过活,年年的修渠费、水租,不知要花多少。每渠有好几个渠头,这些人都是由大户指派的,遇到浇地,小佃户就得给这些渠头爷们送礼、请吃饭、许粮,顺不了这些爷们意,水到地头也是浇不上。

城市与政治

城市的房舍也与乡间无异,四合头的院子看不到,却是些"就院取土,垒墙四堵"的临街房,留个小门,挖一窗空,屋内黑暗,家家土坑上放盏烟灯,老常红日三竿烟筒里才见冒烟,人静总在十二点。临河素以肥富著称,历年执政人员,无论有能无能,胥以赚钱为事,建树毫无。设治数年,鲜有进步。盗匪不防,河年泛滥,淹没无常。街道失修,城垣倾破。陕蛮两处之街基地,迄未放卖,一任户家凭力争占,纠纷时有,财建两局长向由李杨两姓分任,收支无度,概无预算,积病种种,从未清理。差徭局需一索十,大斗凹模,民多隐恨。公安局长向多不称职,民十九郭凤山驻军哗变,枪械全失。街道污秽,尘土飞扬,市民随地便溺。警兵服装褴褛,形同乡下佬儿,守坐门前,几不识其为岗警也。城内路灯绝无,东关安置一二暗淡不明的路灯,深夜行人颇感"风吹行路难"之苦!区长权限高于县长,向由李杨任傅四董事充任,公所设于各家府内,收回的粮倒于其仓,收回的钱放于其库。公私相混,别无尺度。民十九后由民厅派员接充,重建公所,高悬虎牌,形同衙门。一二区长,被控交卸;三四区长,民多怨言。村公所老百姓常称之为最高权府,村长多由各董事指派,县府加委。此辈多系豪劣,一字不识,理政无方,区府派款一百,村长以二百收,闾长以三百收。闻四区某村公所之一差大,入所时夜不避盖,未及三月,即买马盖房云。

教育之幼稚

临河教育幼稚,人才绝无,事属真确。学校虽多,但多办理不善。县立一校,历史较长,毕业学生仅二十余名,升入中学校者十余名,中途辍学者六七名。县立女校创办有年,迄未举办毕业。各区小学校共二十所,师资多下架商人,或村公所计账先生。学生以住家很远(按:一村大至三四十里,而住户零散其间),就学者无几,今春开办者仅九处。现一四两区校长,闻系邮差夫与高小毕业生。县立一校之教员多系落伍军人与"混饭者"辈。学生原有一百二十余名，现仅十九人。传称教育局长系一初中一年级肆业生，督学乃一办垦污吏，无怪各校现状之糟粕也！

民生与党务

临河自设治以来，平均年年有灾，非兵即匪、水、雹，民间之苦远甚于其他各县。去岁王军屯庄供应繁重，出自佃户，地主、村间邻长多从中渔利，村成废土，民多流亡。临河位于绥西，交通不便，素无党人足迹。民十九春，阎冯之变，北方党务停顿，始有党员潜往。二十年党务公开，省部派高建章氏为人民团体指导员，组织人民团体。入夏改派筹备员筹备党务，九月正式分部成立。当时共有党员七人，后增至二十人。刻此土劣嚣张，负责人多离境云。

（本文原载于《包头日报》，日期为1932年6月22日—28日，作者不详。）

黄羊木头见闻

桥东属五原，桥西属临河，由此至临河六十里，晚奉令"额孙两旅在磴口停止，丁师在三圣公停止，刘师在临河停止"，行军的前程忽又发生了阻碍，骑在马上，都不禁猜测着问题的各方面。

次日行四十五里至章嘉庙，殿宇雄伟，亦甚可观，给了小喇嘛一个装胶片的空铁盒，他像得了至宝，自动领我们看完了庙宇，又同我们到附近去看蒙古包，逛了共五六处。在这里所见的，都是些贫婆的蒙古人，住着破败的毡幕，正与我们所想象的成了反比。再二十里至临河（又名强油房），为古代朔方郡，在西汉时候，是与匈奴相周旋的战场。狼山在城之西北一百八十余里，相传有李陵碑、洪羊洞、高阙塞、范夫人城等古迹。城内除县府及民房外，多为空地，东关商业较多，且有鸦片烟摊，也是我们第一次见到的。

在临河本师又奉令改在黄羊木头停止，十三日全部到达。这样浩浩荡荡的大行列就从那天起同时抛锚，直至二十三年一月十一日才继续西进。

蒙古包访问

屯垦青海的远征军，忽被一纸命令，停在中途，像在大海里搁浅了的一艘大船。

这艘大船能不能再继续向海洋中乘风破浪的前进，要完全听命于客观环境的支配，本身已失去了自主。好在这条艰巨的担子都放在"掌舵人"的肩上，我们个人方面，倒也落得清闲自在，成天价携着镜箱跑到野外，照荒火、照羊群，跑的领域也随着一天天地扩大。听说东南方面，蒙古人家很多，就约了几位朋友跨马过了拉土垓河。进了草地，满眼都是没人的芨芨草，同尺厚的沙窝，寻不到道路的踪影。野鸡咯咯的直从我们脸前掠过，反而使我们都吃一惊。奔着方向乱走了五六里地，草稀疏了，又成了"沙陀国"，远远看到从未见过那么多的羊群，黑一片，白一片，几疑为放过荒火灰黑地上的残雪。二三蒙女，高高地在沙丘上迎风而立，无邪地喊着野调。转向东去，便有几个蒙古包进入了我们的眼帘，都兴奋地直奔那里跑去。

先到的那家男女，先一天曾到黄羊木头去看过汽车，同我们有些眼熟，诚恳地接待我们："看看好，坐坐好。"有满肚子客气说不出的苦闷，在他那里，仔细看了看蒙古包的构造，也很简单合理，正适合游牧民族时时转徙的作用。

由这家的主人，引导我们过了一道小渠，再到那几家去，正在忙着晒肉干，悬挂着左一块右一块的牛羊肉。吃的穿的用的，大部分是取之于牛羊身上。男女多数是身强体健，很能吃苦。总论起他们的生活来，也可以说是艰苦生活，几不知人间还有"享乐"二字。

一个叫板丁的，特给我们烧的奶茶，端出炒米，用二成汉语，让我们吃喝。我们给他们拍照片时，都表示惊奇，每见扯弃的黑纸时，都抢了去反复辨认不知所以。后来送给了我们两张照片，喜欢的不知要怎样酬答我们，结果临走时拿给我们几张奶皮子。……

蒙荒"行乐图"

有闲不觉天短，无聊更嫌夜长，这是到了黄羊木头，成天价刮着大风，一个普遍的苦闷。一天意外的天暖风息，都像从海轮的底仓爬上了平阔明朗的海岸，心里都有一种高度的兴奋，又携镜箱约好友作远足了。

这次到的是另一个区域的蒙古人家，那里除了疏疏落落的毡幕而外，还有几处房屋，蒙古人叫作"板身"，这是比较富有的了。在一只大黑狗的狂吠中，一个拖着长辫的男主人接待进去。靠前窗的大炕上，有两个少妇正裁缝着皮衣，一个年老的妇人在拈着羊毛线缝长筒皮靴，都不大理我们，只有男主人韦章勉，向我们半通不通地打招呼。等我们把在板丁家里所拍的照片拿给他们看时，才把几个脑袋引聚在一起。仿佛他们都熟识的，一阵狂笑之后，两个少妇都向我们打起哑巴禅来。耀尘那双嵌着圆皮长皮的帆布鞋，更成了她们的笑料。坐了不久，又走进一个红喇嘛的毡幕里,正燃着一炉牛粪,熏的没敢停留,又由他领我们到后面的"板身"里。

这里也有个叫大喇嘛的,他的妹妹是一位蒙古军官的太太,正在归宁的当儿,年二十五六岁,衣履较洁,并略知礼貌,熟通汉语。给她拍的照片,寄到《大公报·每日画刊》发表时,竟誉为"蒙人中之粲者"。屋里的摆设也带了点绅士意味,墙上还挂着胡琴、笛子一类的乐器,知道是大喇嘛所爱好的。再三请他拉个蒙古调儿,胡琴一响,把邻家妇女小孩都招引了来。

听他拉到了一个段落时,竟出乎我们意料之外的同声高唱起来。一会单唱,一会又合唱,使此穷荒绝塞顿增了悠扬遐逸之情。那种单纯而谐和的旋律,有些像日本歌曲。其中有一"乌利路固"名曲,耀尘先用日文字母记下音来,略经练习后,居然也能随声附和的同声唱了。这种"叓了来就卖"的本领,当时成了"蒙古才子"。

最后的那位蒙古太太还给我们解释了大意是:"天空中没有云遮的月亮,比水还明","鄂基瑶比里(人名),他的心啊,比水还清……"

唱完了歌曲,大喇嘛还特别给预备下奶茶、炒米、奶皮子、奶豆腐等,边吃边笑,廖竟成说:"我们今天是汉蒙联欢会。"但在我的镜头里,已构成了一幅蒙荒"行乐图"。

草庵——一名土龙

本师在黄羊木头驻了步兵一团同几部分特种兵,总数不下二千余人。但除了师部借用了天主堂一小部分及本村几所空房外,都还是住着帐幕。在初到的一个时期里,大行李都由河路运输,逆水行舟,迟迟不到。士兵的服装只有一件棉袄、一条夹裤。在"八月飞雪"的塞上,居住的地方与冰冷的空气,只隔了薄薄的一层单布,狂风严霜可直接打击到食不足衣不暖的士兵身上。他们深夜里抵抗风霜,自己取暖的办法,只靠着不停息的跑步。当着都市上的绅士们在温暖如春的洋楼中依翠偎红的当儿,正是穷苦健儿们同自然界奋斗的时候。拂晓时,虽仍是按着起居的时间表嘀嗒地吹着起床号,但那时他们已经跑了三十里路程来回了。

在黄羊木头这个仅仅百余户人家的小地方,这是没有办法想的。在那时的客观环境,又已决定了我们要在这里度过漫长的严冬。有需要就有发明,终天在这群穷苦斗士中,产生了原始的伟大创作,还不到一个月的时间,在黄羊木头村外,居然"草创"了几所壁垒森严的营房。

草原上的树木那是极缺乏的，连乌鸦喜鹊都被逼到电线杆上去住宿舍式的小房间，还敢随便谈到什么土木工程吗？尤其在我们穷苦的团体里。但在人人看到而绝想不到的一片芨芨草上，便找到了很适宜的代替品。先把芨芨草割来，缚成一条条长两丈五尺，直径六寸的圆形草把，再就平地上挖成三丈长、一丈宽、三尺深的地盘，把草把弯成圆弧形，两端栽植在地盘的内沿，一条一条密密的摆成个涵洞的形式，另用土坯添筑前后墙，前墙留门，后墙留窗，外以细泥墁匀压光，俨然就是一辆圆顶的火车。

在初动工时，割草、运草、缚草把、制土坯、筑屋的、掘井的，官长士兵都毫不惜力地分任着工匠。当时那种情形，就是一个大规模的营造厂，眼看着一个一个排列起来。数十名官兵住在一间草庵里，虽还是草毯草褥，互相依偎着却可暖烘烘地安睡一夜。有厨房，有便所，有贩卖部，有洗澡塘，更渐渐发明了门窗、桌椅，无一不是"草"创。营门外边有可避风雨的岗楼，四围掘了深深的沟，筑成高高的墙，居然气象雄伟。天主堂的比国神父去参观时，特请他洗了次澡，自以为"文明国家"的人，也不得不咋舌称奇了。

（本文选自《蒙荒万里》，作者王瑞丰，是作者随远征青海的大军驻扎于临河黄羊木头时的见闻。1945年10月由南京中央书店出版，标题为编者所加。）

后套民生

渠

翻开地图，对绥西周回数千里的河套仔细观察一下，便可发现在那里边河渠纵横，像一张粗网，共有八大干渠、无数的小渠，引黄河之水从干渠而入支渠，再分经小沟灌溉田中。这里的土地肥沃，经过黄河水浇灌以后，连肥料也不用了，就可生产无数食粮。所以谁都知道"黄河百害，唯利一套"。后套的雨量极缺，农产物的收获也纯靠水渠。这里的农民竟大胆地说："不是靠天吃饭。"后套所产食粮，以小麦、糜米为大宗，又有"麦子囤"之称，农民生活极易："烧红柳，吃白面。"牛羊猪肉都是几分钱一斤。春汛的时候，金翅金鳞的黄河鲤鱼，一块钱买到七八十斤。再加上羊毛牛皮等的出产，那是多么富庶的地方！

招惹的各省人民到这里来开垦谋生的不知多少。可是这样的黄金时代，已渐渐成了过去。干支水渠因了无人整理，年久淤塞，与黄河水面渐由平行而成了反斜坡，水量不足，灌溉的田亩日见减少。且每逢春汛急待灌田的时候，又须先尽着屯垦军使用，管你多少急需，也必忍耐等候。甚至使你失了农时，也未可知。

因了以上种种，不禁又记起当年开发后套的王同春先生了。他在清末时，凭一个人的智力，倡设了"永济""丰济""永和""同和""老郭"等干渠，可灌田七十万顷。那时他也就是后套民众的领导者，并且握有超政治的力量。他的心里，只有一个公平；他的法律，只有生死两条。后套人民对他畏之如虎、敬之如神。五原北门外，筑有王氏祠堂，至今后套人民为了纪念他的冥寿，每年阴历的六月二十八日，仍有酿资演戏的盛举。关于王同春先生平生事迹，在民国二十三年十一月《大公报》的副刊上，有顾颉刚先生的一篇《王同春开发后套记》，有很详尽的介绍。但后来遇到王同春的一位至亲时，他却指出很多的谬误。同时他还对我说过："外边的人都知道王同春的儿子王英，却不知道还有一位姑娘'穆桂英'呢。"

这位姑娘是个男性的女英雄，颇有她父亲的作风，她曾经率领群众抗拒苛税，又曾经匹马单枪打击贪官。几次下狱，屡受严刑，她总是咆哮着像只猛虎，从不说一句软话。在群众间排难解纷，一言可决。那时官厅见了她，像京剧中辕门斩子的杨延昭见了穆桂英一样害怕，所以送了她这个名副其实的绰号。关于她，我听了很多侠义的小故事，并且当时也记载了一点，惜在本人的一个大变动中，同其他资料毁之于火。今因了后套河渠，而涉笔于此，强从记忆中描出一个模糊的印象，不禁掷笔惋惜不已。

（本文选自《蒙荒万里》，作者王瑞丰）

饶足之临河

十六日，六时车发，行四十里。日未中，至临河县。入城，住大义客栈，规模不小，亦整洁可喜，殊胜过去各地。城中居民约二万，商贾如云，且有外籍商店十余家。人民衣冠咸楚楚，一新耳目。闻有小学三所，女校一所，惟学生不多。午后，县商会长王先生闻讯来谈，极加奖劳。王君大同人，侨此已逾二十载。有豪侠风，喜周济，人尊之为"小孟尝"，盖一忠厚长者也。坐次，述此地情形甚详：临河县面积约一万八千三百四十五方里，人口五万余，为绥西一大都会。本蒙人游牧之地，晚清将军贻谷提倡垦务，汉族日以西渐，遂成繁区。秦晋人流寓者居多。民十四年，立设治局，十八年始升为县。境内已成之渠：大者曰杨家河渠，长一百四十余里；曰永清渠，长百六十余里；曰黄土拉亥渠，亦长百六十里；三渠各灌田千余顷。又别有丰济、土默、丹达木头、五大股、蓝锁、德成、魏羊各渠，灌田自三十余顷至八九百顷不一。工程均伟大，可见当日开浚之难。水清草肥，丰饶牧盛，年产以麦、谷、豆、胡麻为大宗，有"一年收，三年不忧"之谚语。牧畜以牛、羊、马、骡、驼为大宗。羊毛年出三百万斤，驼毛五万余斤，羊皮三万张，牛皮二千张，马皮三百张，杂皮千余张。此外药材如甘草、苁蓉之类，亦年产大宗。

入夜，县政府秘书林英华先生闻讯亦见访。闽人也，谈甚洽。林言："临河非止富于物产，且气候极温和，与塞外他处特异；生活程度颇低，鸡蛋每银一元，可得三百枚以上。牛羊肉亦可得十余斤，谷麦可得三四百斤，物廉出人意外，非内地所能梦见者。"苟政府加意经营，多奖励人民移垦塞外，则亦大可解决一部分生活问题。闻民十六七年，曾由绥远建设厅修筑自绥远经五原至临河之汽车公路，沿线均建大桥，工程甚巨。但土匪时肆劫掠，护路殊难。故汽车时有时无，行旅最感痛苦。

（本文选自《西北行》，作者林鹏侠，是作者游访西北时所写的日记体记游文章。）